I am
창의고수

I am 창의고수

최규 지음

시대를 이끌어 가는 0.1% 괴물들의
유쾌한 성공학 18법칙

21세기북스

상상력은
지식보다
더 중요하다.

_아인슈타인

세상을 뒤흔든 창의고수들의
유쾌한 성공을 탐하다

0.1%
창의고수만의
라이프스타일

상식적으로 도저히 이해가 안 된다. 가수 싸이, 어린 시절에는 청개구리처럼 반항하며 어긋난 행동만 하는 나쁜 아들이었고, 30세에 결혼식장에 들어가면서 "신종놀이는 모르겠지만 오늘까지 한국에 존재하는 모든 놀이란 놀이는 다했다"고 할 정도로 놀기만 좋아했는데 어떻게 세계적으로 성공한 가수가 될 수 있었을까?

스티브 잡스, 직원들에게 까칠하게 대하기로 악명 높았고옛 연인에게는 자녀양육비도 주지 않았던 나쁜 남자였는데어떻게 애플을 세계 최고의 기업으로 성장시킬 수 있었을까?

제임스 카메론, "나는 세상의 왕이다!"라고 외칠 정도로안하무인인 그가 어떻게 〈타이타닉〉, 〈아바타〉 등 만드는 영화마다 대박을 치며 성공하는 걸까?

샤넬, 수많은 남자들과 스캔들을 뿌리며 연애를 즐겼던여자 카사노바였는데 어떻게 세계적인 패션디자이너로 성공하고 수많은 사람들의 사랑을 받을 수 있는 걸까?

레이디 가가, 노래보다는 기괴한 패션으로 더 주목을 받는 그녀가 어떻게 비욘세나 크리스티나 아길레라보다 더 재능 있는 가수로 인정받을 수 있었을까?

비디오아트의 창시자 백남준, 세계적인 인공위성 쇼를 개인 빚을 내어 실행하고서 돈 갚느라 생고생을 하면서도 어떻게 계속 즐겁게 일을 할 수 있을까?

버진그룹 CEO 리처드 브랜슨, 왜 그는 "재미가 없으면 그 일을 그만 두어라"라며 힘든 일을 하지 말고 재미있는 일만 하라고 주장할까?

현대미술가 마르셀 뒤샹, 인부들이 그의 대형 유리작품을 옮기다가 파손되어 유리가 산산조각 금이 갔는데도 왜 화를 내지 않고 오히려 더 좋아했을까?

알버트 아인슈타인, 일상에서 목욕비누와 면도비누를 구별 못할 정도로 멍청했는데 어떻게 복잡한 상대성이론을 발견하고 천재적인 과학자가 될 수 있었을까?

이유가 뭘까? 어떻게 가정과 학교에서 가르치는 교육관과는 정반대로 행동한 사람들이 성공하고 존경받을까? 왜 이런 괴팍하고, 비상식적이고, 비도덕적인 인물들이 사회에서 성공하고 존경받게 되는 걸까? 기존의 상식적인 가치관으론 도저히 이해가 안 된다.

궁금했다. 혹시 기존의 보편화된 가치관과는 전혀 다른 창의고수만의 고유한 행동심리와 사고방식이 있는 것이 아닐까? 이런 의문에서 시작해 크리에이티브 피플들의 라이프스타일에 대한 다양한 자료들을 모아서 분석하고 연구하였다.

결과적으로 크리에이티브 피플들은 '그들만의 고유한 사고법과 라이프스타일'을 가지고 있었다. 이들은 일반인과 너무나 다른 괴짜 같은 가치관과 라이프스타일을 고수하며 살고 있었다. 나는 이를 '창의고수 스타일'이라 부른다.

'창의고수 스타일'의 이슈화

현재 시점에서 '창의고수 스타일'을 이슈화하는 이유가 무엇일까? 세계는 지금 '창조경제시대'이기 때문이다. 창조경영학의 창시자인 런던 비즈니스스쿨 교수 게리 하멜은 "지금은 초 경쟁시대이며 지식경제에서 창조경제시대로 넘어가는 시대"라고 주장하고 있다. 또한 박근혜 대통령은 '창조경제'를 국정의 주요정책방향으로 설정하고 추진하고 있다.

그렇다면 이런 창조경제시대에는 창의고수들을 롤모델로 삼아 이들처럼 생각하고 행동해야 하는 것이 당연한 것 아닌가? 경제환경이 바뀌고 롤모델이 바뀌면 당연히 가치관도 바뀌고, 새로운 라이프스타일의 패러다임도 바뀌어야 하는 것이 아닐까? 학교와 기업에서 창의와 혁신을 강조한다면 창의고수가 되기 위한 가치관과 행동들도 가르쳐야 하는 것은 아닐까?

창의력에 대한 태도 또한 변해야 한다. 더 이상 창의력을 미술책에 있는 개념으로만 이해해선 안 된다. 일상에서 생활화해야 한다. 창조경제시대에 창의력은 빵이라고 생각해야 한다. 빵처럼 생존에 꼭 필요한 필수품으로 생각해야 한

다. 빵이 떨어지면 죽는 것처럼 창의력이 떨어지면 '루저'가
된다고 생각해야 한다.

그러나 창의성과 관련된 서적들은 하나같이 성공한 최고
경영자들의 사례만 나열하고 있다. 물론 경제 분야에서는
경제인들의 성공사례가 중요할 것이다. 하지만 창의력 전문
가들은 예술가들이다. 아티스트들이 창의고수들이고 전문
가들이다. 그들에게 길을 물어야 되는 것이 아닐까?

더 큰 문제는 기존의 창의력 관련 서적들이 단기적인 임
시처방만 나열하고 있다는 것이다. '브레인스토밍', '식스 시
그마'와 같이 아이디어를 짜내는 단편적 기술들만 해결책으
로 제시하고 있다. 물론 기존의 기업에서 도입하는 여러 방
법들에 성과가 있는 것은 인정한다. 하지만 좀 더 근본적인
대안이 필요하지 않을까? 좀 더 장기적인 관점에서 접근해
야 하지 않을까?

'창의고수 스타일'을 생활화하라

고리타분한 '평범남'이 브레인스토밍 회의에서 갑자기 창의
고수처럼 기발한 아이디어를 제시하기란 거의 불가능한 일
이다. 그래서 나는 이 책에서 새로운 대안을 제시하려 한다.
창의고수 직장인이 되려면 일상의 삶 역시 창의고수들처럼
살아야 한다. 사람을 빵빵 터트리는 개그맨이 되려면 일상
생활에서도 빵빵 터질만큼 재미있고 즐겁게 살아야하듯 기
발한 아이디어가 넘쳐나는 창의고수 직장인이 되려면 매일

'창의고수 스타일'로 생활해야 한다.

이 책에서 나는 '창의고수 사고법과 가치관'이라는 사고의 옷을 입히려고 한다. 사람은 어떤 옷을 입느냐에 따라 사고와 행동이 확 변한다. 똑똑하고 유능한 청년에게 예비군복을 입히면 모두가 멍청해지는 것처럼, 일반 직장인들에게 창의고수 스타일의 옷을 입혀서 생각과 행동을 바꾸려고 시도한다.

이 책을 읽는 직장인들이 과거 낡은 사고의 옷을 벗어버리고 '창의고수 스타일' 사고의 옷으로 바꿔 입어, 창의고수들처럼 자유롭게 상상하고 성공하는 창의고수 직장인이 되었으면 한다. '창의고수 스타일'로 바뀐 새로운 나의 모습을 원한다면 이 책에서 제시하는 다양하고 새로운 가치관들을 적극적으로 시도해보시라!

이 책을 읽는 여러분들이 화가 나서 밤잠을 설치도록 심기가 불편했으면 좋겠다. 만약 이 책을 읽으면서 혈압이 오르고 짜증이 난다면 여러분은 이미 '기성세대', 즉 바뀌어야 되는 '산업사회의 일꾼'이다. 특히 화가 나서 책을 집어 던진다면, "아, 내가 주 독자층이구나!"라고 생각하면 될 것이다. 이 책을 읽는 직장인 여러분들을 짜증나고 분노하게 만든다면 이 책은 충분히 목적을 달성한 것이다.

반대로 이 책을 읽고 공감을 느끼고 위안이 된다면? 축하한다. 바로 여러분은 이 시대가 원하는 창의적인 인재들이다. 이런 청년들의 공통적 특징은 학교 또는 직장 내에서 아웃사이더일 가능성이 높다. 하지만 이제는 '아! 내 성격에 문제가 있는 것이 아니었구나!', '나 같은 인재가 이 시대의 최고 인재상이구나!'라는 확신을 가지길 바란다. 바야흐로 창의고수가 주인공인 시대, 창조경제시대가 왔으니 이제 당당하고 자신감 있게 사회생활을 하기 바란다.

당신의 행복한 삶을 위하여

이 책에서는 현실에서 쉽게 실천하고 적용할 수 있도록 구체적이고 상세하게 기술되었다. 위대한 고수들의 사례와 어록들에 주눅 들지 않기를 바라는 마음에서 나의 개인적인 소소한 사례도 함께 소개했다. 창의성에 대한 간단한 정의도 중간 중간에 끼워 넣어 이해를 도왔다.

창의력이 필요한 직장인을 이 책의 주 독자층으로 했다. 하지만 현대사회는 모든 업계에서 창의력이 필수요인이기 때문에 모든 사람들에게 유익할 것이다. 창의력이 필요한 청소년, 자녀교육에 열성적인 학부모, 교육 분야에 종사하고 있는 교육자, 예술현장에서 활동하는 전업 예술가들과 지망생들에게도 유익한 책이다. 조그만 나의 노력으로 대한민국이 창의고수들로 넘쳐나는 국가가 되어 세계적으로 경쟁력 있는 선진국이 되었으면 좋겠다.

그동안 나는 미술작가로서 작품을 창작하고, 미술평론가로서 비평문을 쓰고, 교수로서 학생들에게 창의고수 미술작가들과 작품들을 소개하고 가르치고 있었지만 확신이 없었다. 창의란 무엇인가? 어떻게 하면 창의력을 계발할 수 있을까? 크리에이티브 피플들의 고유한 가치관은 일반인과 어떻게 다를까? 이전까지는 아는 것이 별로 없었다. 당연히 알아야 했지만 개념이 불분명했고 확신이 없었다.

하지만 지금은 많이 달라졌다. 이 책을 준비하는 3년 동안 창의고수들의 사고법과 라이프스타일을 수집하고 분석하면서 가치관이 많이 바뀌었다. 창의고수들의 고유한 가치관을 알고 현실에서 실행하니 일상이 매력적으로 변했다. 자신감이 생겼고 삶이 즐겁고 행복하게 변했다. 그러니 친구들과 주변 사람들에게 호감도가 급상승되었다. 학교 수업에서 창의적인 태도로 학생들에게 위트 있는 멘트를 날리니, 호감지수가 당연히 높아졌다. 새로운 인생을 사는 것 같다.

반응도 좋다. 주변의 20-30대 청년들에게 원고의 피드백을 부탁했다. 모두가 혼란스런 가치관을 새롭게 정립하는데 많은 도움이 되었다고 말한다. 또한 책이 빨리 나와서 자신의 부모님과 친구들에게 읽히고 싶다고 말한다.

이 책을 읽는 이 땅의 청년과 직장인들이 이 글을 읽고 즐겁고, 유쾌하고, 미래의 행복하고 풍부한 삶에 마음 설레길 바라며, 더불어 직장과 사회에서도 용기와 자신감을 얻길 바란다.

2013년 6월

최 규

제3부

남들과 차별화될 때
리더로 구별된다

제4부

세상을 최고로 즐겨라, 세계를 리드할 것이다

제1부

창조경제시대를 리드하는 창의고수들

머리로는 마음이 움직이지 않는다.

사람들은 절대 이성적으로는

설득당하지 않는다.

당신의 아이디어가

아름다움, 즐거움, 희망, 정의, 자유와 같은

정신적 가치를 이야기할 때

사람들의 마음이 움직인다.

_아냐 푀르스터 & 페터 크로이츠, 『유니크』 중에서

세상을 뒤흔든
0.1% 창의고수들

1990년대 중반, 나는 이해할 수 없었다. 당시 나는 미국 동부에 있는 펜실베이니아 대학에서 미술을 공부하고 있었는데, 동료 미국 학생들은 일반적으로 궁핍하게 학교생활을 했다. 점심식사도 간단히 피넛버터를 바른 식빵 조각으로 해결하고, 대부분의 학생들은 몇 벌 안 되는 옷으로 사계절을 나기도 했다. 심지어 강사들도 그리 넉넉한 편이 아니었던지, 한번은 뉴욕으로 돌아갈 차비를 학생에게 빌린 일도 있었다. 그렇게 다들 가난하게 생활하던 중에 나로서는 도저히 이해하지 못할 일을 목격했다.

평소에는 그렇게 궁상떨며 생활하던 친구들이 그들이 좋아하는 가수가 뉴욕에서 공연한다는 소식에 만사 제쳐두고, 있는 돈 없는 돈 탈탈 털어서는 뉴욕으로 달려가는 것이 아닌가? 관람비가 적지 않은 금액이었음에도 불구하고 돈까지 빌려가며 말이다. '그 돈이면 일주일치 생활비인데, 어떻게 그럴 수 있지? 가수 공연 보러간다고 돈까지 빌린다고?' 도저히 상식적으로는 이해가 되지 않았다. 나는 속으로 그들을 그저 '공부는 안하고 놀기만 좋아하는 한심한 놈들'로 가볍게 무시했었다.

그러나 한심한 건 나였다. 그로부터 10여 년의 세월이 지나고 보니 나의 우물 안 개구리 사고방식이 문제였다. 왜 나는 그들의 라이프스타일을 이해하지 못했을까? 선진국 친구들의 가치판단의 우선순위는 '행복하고 즐거운 일'이 먼저이며, 그중 하나가 문화생활이었다. 먹고 사는 실용적인 문제는 그 다음 일이었다. 개발도상국의 시각에서 보면 공연 보러 갈 돈으로 밥 먹고, 필요한 물건을 사야 하는 것이 당연하지만 그들은 그것이 먼저가 아니었다. 근면, 성실하게 일하는 것이 최고의 미덕이라 여기는 한국에서 온 나로서는 도저히 이해 못 할 딴 세상 사람들의 라이프스타일이었다.

2013년 현재, 그때 겪었던 일이 한국에서 벌어지고 있다. 한번은 내 수업시간에 대여섯 명이 단체로 결석을 했다. 무슨 일인지 다른 학생에게 물어보니 서울에 공연 보러 갔다고 하는 게 아닌가? 그놈들은 평소 김밥 한 줄로 식사를 때우고, 운동복 차림으로 찌질하게 생활하다가 레이디 가가 공연 보러간다고 너도나도 한껏 멋을 부리고 서울로 달려간 것이다. 수업까지 빼먹어가면서 말이다.

우하하하하♪ 이것이 오늘날 한국 젊은이들의 모습이다.

세상이 변했다. 현재 한국의 젊은이들은 경제적이고 실용적인 것보다 재미와 행복을 우선시한다. '내 집 갖기'보다는 '내 차 갖기'가 먼저다. 미래를 위해 오늘을 참고 견디는 것을 싫어한다. 미래보다는 오늘을 최대한 즐긴다. 오늘 즐겁지 않으면 미래도 즐겁지 않다고 생각한다.

젊은 직장인들도 행복이 먼저다. 열심히 일하기 위해 휴식을 취하는 것이 아니라 열심히 놀기 위해 일을 한다. 삶의 가치가 통장잔고의 숫자가 아니라 행복한 시간의 잔고라 여긴다.

가치관이 변했다. 물질적인 것에 가치를 두던 산업사회에서, 비물질적인 것에 가치를 두는 창의사회로 변했다. 창의사회는 문화가 경쟁력이고, 문화의 가치는 창의력의 기발함으로 평가된다.

한국사회가 필요한 건 창의사회 가치관

지금 한국에선 도대체 무슨 일이 일어나고 있는 걸까?

왜 가수 싸이의 「강남스타일」 뮤직비디오는 유튜브에서 15억 건의 조회수를 기록하며, 그의 말춤에 세계가 열광하는 걸까?

왜 일본, 중국, 싱가포르, 태국, 인도네시아, 대만, 필리핀, 말레이시아 등 빅뱅의 월드투어 개최지의 모든 공연예매가 초고속으로 매진되는 걸까?

배우 이병헌은 어떻게 '아시아의 톰 크루즈'로 불리고 〈지.아이.조 1,2〉 〈레드 2〉에 캐스팅되며 할리우드 스타들과 어깨를 나란히 할까?

김기덕 감독의 〈피에타〉는 어떻게 2012년 베니스 영화제에서 최고상인 황금사자상을 수상할 수 있었을까?

박찬욱, 김지운 같은 한국 감독들이 어떻게 '폭스 서치라이트', '라이온스 게이트' 같은 메이저 할리우드영화사에 초대를 받고 그들의 영화를 만들어 세계시장에 개봉할 수 있었을까?

피겨의 여왕 김연아는 어떻게 2010년 밴쿠버올림픽에서 피겨사상 최고점인 228.56점으로 세계신기록을 세우며 금메달을 딸 수 있었을까?

삼성전자는 어떻게 애플을 제치고 세계 휴대폰시장 점유율 29%를 점령하며 판매율 세계 1위를 달성할 수 있었을까? 이렇게 한국의 인재들이 세계적으로 한국의 명성을 드높일 수 있는 이유는 무엇일까?

답은 바로 뛰어난 창의력에 있다. 한국의 인재들이 창의 고수가 되었기 때문에 가능했던 일들이다. 세계는 지금 창조경제시대이며 이들은 최고의 창의력으로 세계적인 성공을 거두었다.

박근혜 대통령도 '창조경제'를 국정의 주요정책으로 삼고 있다. 1970-1980년대의 한국은 선진국이 하는 대로 따라하기만 하면 됐다. 혁신이나 창의력은 필요하지 않았고, 2등 마인드로 살아야 성공할 수 있었다. 2등은 창의력이 필요 없었고, 그저 1등 선진 국가의 모든 것을 텍스트 삼아 근면, 성실하게 카피만 하면 성장할 수 있었다.

하지만 이제 그런 시기는 지났다. 한국의 경제력이 성장하면서 창조경제시장에서 경쟁하게 되었고 한국인에게는

1등 가치관이 필요하게 되었다. 1등에게 혁신과 창의력은 반드시 필요한 덕목이다. 일개미같이 근면, 성실과 노력만으로는 한계가 있는 산업 환경이 되었다. 창의고수 직장인이 되어야 성공하는 창조경제시대가 된 것이다. 그렇다면 창조경제시대란 어떠한 시대를 말하는 걸까?

IQ가 좋으면 창의적일까?

스텐포드 대학교 교수이자 심리학자 루이스 터만의 연구에 의하면 "IQ 120 이하로는 창의적인 작업을 수행하기가 어려울 수도 있으며, IQ가 높다고 해서 더 창의적이지는 않다"고 한다.

이 연구에 의하면 어린아이가 어릴 때는 창의적이었다가 커가면서 지능이 점차 높아지고, 창의성 또한 부족해지는 현상이 설명이 된다. 즉 IQ가 높은 것과 창의성은 상관성이 부족하며, 어느 정도의 평균지능만 있으면 창의성은 계발될 수 있다는 것이다.

창조경제시대를 경제용어로는 '비즈니스3.0시대'라 한다. 몇 년 전부터 서점에선 '비즈니스3.0'과 관련된 경제서적들이 무수히 쏟아져 나왔다. 비즈니스3.0시대의 키워드는 '창의와 혁신'이고 오늘날 경영계에서 '창의와 혁신'은 기업의 생존전략이 되었다. 과거에 중시하던 '효율적이고 능률적인 생산성'은 개발도상국 경영개념에 지나지 않는다.

시대별로 정리하자면 이렇다.[1] 비즈니스1.0시대의 경영키워드는 '분업과 표준'이었다. 1910년대부터 시작된 현대식 대량생산체제가 확립된 시대다. 제너럴 모터스GM, 포드Ford 같은 기업이 비즈니스1.0시대를 대표하는 기업이다.

비즈니스2.0시대는 1970년대부터 '진보와 혁신'을 경영의 키워드로 시작된 리엔지니어링, 벤치마킹, 다운사이징 등의 다양한 기법들이 쏟아져 나온 경영의 르네상스 시기다. 대표적 경영인으로는 잭 웰치Jack Welch가 이끈 GE, 변혁적 리더로 유명한 앤디 그로브Andy Grove가 이끈 인텔이 비즈니스2.0시대의 대표적 기업이다.

비즈니스3.0시대는 21세기의 경영시대로 '창조와 혁신의 시기'로 규정한다. 창의와 상상력을 바탕으로 '새로운 비즈니스 창조'가 경영의 키워드로 등장했다. 대표적인 기업으로 구글과 애플이 있다. 기존에 없었던 비즈니스를 창조하고 경영에 창의력을 도입하여 새로운 비즈니스 기회와 시장을 창조하는 기업이다.

알기 쉽게 다시 정리하면, 비즈니스1.0시대는 엔진을 발명한 시대였고, 비즈니스2.0시대는 더 좋은 성능을 가진 엔진을 만들려고 노력하던 시대이며, 비즈니스 3.0시대는 새로운 엔진을 만드는 시대라고 보면 된다. 기존의 엔진이나 시스템을 업그레이드시키는 것에는 한계점까지 다다랐으니, 아예 기존 엔진을 들어내 쓰레기통에 던져 버리고, 새로운 엔진을 창조적으로 개발하여 갈아 끼울 때가 오늘의 비즈니스시대라고 볼 수 있다.

비즈니스3.0시대는 창조경제시대다. 비즈니스3.0시대에 창조와 혁신이 뒷받침되지 않는 기업은 생존이 어렵다. 창의적이지 않는 경영인과 비즈니스는 도태되고 시장에서 사라진다. 그동안 하던 방식에서 열심히 성실하게만 일하자고 외치는 기업은 하루아침에 공중분해 될지도 모를 일이다.

이런 가치관의 변화는 비즈니스에만 국한되는 것은 아니다. 사회의 모든 분야에 적용된다. 각자가 맡은 분야에서 창의적이지 않으면 생존이 불가능한 시대가 바로 창조경제시대인 것이다.

그렇다면 창조경제시대에 영웅은 누구일까?

스티브 잡스는 어떻게
추락하는 애플을 살렸을까?

창조경제시대의 최고 영웅은 애플의 CEO였던 스티브 잡스 Steve Jobs다. 스티브 잡스는 얼마나 뛰어난 창의고수 경영인 이었을까?

1976년, 스티브 잡스와 스티브 워즈니악은 1,000달러(약 100만 원)로 부모님의 차고에서 애플 기업을 처음 시작했다. 잡스는 그가 타던 폭스바겐 밴을 팔았고 워즈니악은 아끼던 HP65 계산기를 500달러에 팔아서 돈을 마련했다. 36년 이 흐른 뒤 이 회사는 3,740억 달러(약 392조 원)의 시가 총액을 가진 미국 증시 역사상 최고 가치의 기업이 되었다 (2011년 기준). 스티브 잡스는 그의 파트너와 함께 100만 원을 가지고 36년 후에 392조 원을 만든 것이다. 392조 원은 2013년 기준으로 한국의 한 해 예산인 342조 원보다 많은 금액이다. 이런 천문학적인 숫자의 수익을 창출한 그를 창조경제시대의 위대한 창조경영인으로 평가하고 롤모델로 삼고 있는 것이다.

스티브 잡스의 성공스토리 또한 드라마같은 극적인 반전이 있다. 잡스는 11년 동안 자신이 창업하여 경영했던 기업에서 해임되었다. 그리고 1995년 애플은 끝없는 바닥으로 추락하고 있었다. 11억 달러 연매출이 7억 달러로 추락했고, 주식은 60달러에서 17달러로 떨어져 있었다. 1996년에는 길 아멜리오 전 애플CEO가 직원들을 대량 해고하는 사태까지 벌어졌고, 애플은 파산을 눈앞에 두고 있었다. 컴퓨터 시장에 혁명을 몰고 왔던 기업이 역사 속으로 사라질 절체절명의 위기에 처한 것이다.

그때 영웅이 돌아왔다. 1997년 8월 7일, 샌프란시스코 맥월드 엑스포에서 스티브 잡스가 무대에 등장하자 우레와 같은 박수가 터져 나왔다. 잡스가 다시 애플의 CEO로 복귀한 것이다. 잡스가 복귀한 다음 해인 1998년 애플은 한 해만에 10억 달러 적자를 4억 달러 흑자로 전환되었다. 주가는 20달러(1996년 기준)에서 2004년 아이팟을 출시하면서 200달러로 열 배나 상승했다. 그야말로 드라마 같은 극적인 반전이 현실에서 일어난 것이다.

스티브 잡스는 어떤 능력으로 이런 엄청난 성과를 이루었을까? 그는 통찰력이 뛰어났다. 어떤 기술과 디자인이 미래를 지배할 것인지를 선별하는 통찰력과 마케팅 능력이 과히 천재적이었다. 기술에 대한 통찰력은 24세가 된 잡스가 1979년 제록스의 PARC 연구소를 방문할 때의 일로 증명된다.

"제록스의 PARC 연구소를 방문했던 일은 제게 정말로 중요한 사건이었습니다. 저는 거기서 차원이 다른 컴퓨터그래

디자인과 마케팅에
탁월한 통찰력을 지닌
스티브 잡스

픽 인터페이스를 보았죠. 아직 미완성 상태였고 일부 기능
은 제대로 작동하지도 않았지만 저는 그 속에서 놀라운 가
능성을 발견할 수 있었습니다. 언젠가 모든 컴퓨터가 그런
방식으로 움직이게 될 것이라는 확신이 들었지요. 그 느낌
은 매우 강렬했습니다. 그 기술이 상용화되는 것은 시간문
제였고 그러면 승자와 패자가 명확히 나뉠게 뻔했죠."

그 기술은 바로 GUIGraphic User Interface, 오늘날 '마우스'
로 부르는 입력장치 시스템이었다. 그 이전에는 컴퓨터를 작
업할 때 일일이 텍스트를 쳐서 컴퓨터를 작동시켰다. 그날
의 방문에서 오늘날 우리가 사용하는 마우스의 가능성을
발견한 것이다.

이 한 번의 기회가 애플에게는 최고의 기회가 되었고 제

록스는 최악의 순간이 되었다. PARC 설립자 중의 한 사람인 아델 골드버그는 제록스 경영진에게 GUI기술을 공식적으로 업계에 발표하자고 제안했다. 하지만 경영진을 그 제안을 묵살했고 오히려 스티브 잡스에게 한번 보여주라고 지시했다. 이 결정으로 역사의 물길이 바뀌게 된 것이다. 불행하게도 마우스 기술을 먼저 개발한건 제록스의 PARC 연구소였지만 이 기술의 가치를 먼저 알아보고 본격적으로 사용한 것은 애플의 스티브 잡스였다. 제록스 경영진들이 부족한 것은 기술의 가치를 알아보는 통찰력이었다.

스티브 잡스가 뛰어난 두 번째 이유로는 디자인의 중요성을 먼저 간파한 것이었다. 린더 카니는 『잡스처럼 일한다는 것』에서 "잡스는 비즈니스 전체를 이해하는 경영자였다. 애플II가 PC 시장에서 성공할 수 있었던 이유는 디자인과 마케팅에 대한 잡스의 탁월한 통찰력 때문이다"라고 말한다.

당시에는 디자인보다는 기술이 더 중요한 시대였다. 하지만 잡스는 기술보다 디자인을 더 중요하게 생각했다. 아이맥, 아이팟, 아이폰, 아이패드 모두 '선 디자인 후 테크닉' 정책으로 개발한 제품이었다.

예를 들면 잡스가 영입한 디자이너 조나단 아이브(애플 디자인 담당 부사장)는 "일본에 가서 알루미늄으로 작업하는 일본 장인을 연구했고, 아주 얇은 형태의 알루미늄 제품을 생산하겠다는 개념을 갖게 되었습니다. 전자공학 엔지니어들에게는 그 얇은 형태의 제품 안에 모든 걸 집어넣는 기술을 나중에 개발합니다"라고 말한다.

그렇게 '디자인 퍼스트' 사고로 개발된 애플의 아이팟, 아이폰, 아이패드는 기능보다는 디자인으로 먼저 사람의 마음을 유혹하고 감동을 줌으로써 엄청난 대박을 가져다주었던 제품들이다.

여기서 궁금한 것은 잡스가 없는 동안 애플을 경영했던 다른 CEO들은 왜 실패했을까? 같은 조건에서 잡스는 성공했고 이들은 왜 실패했을까? 그 이유가 무엇일까? 그들은 경영학, 공학, 물리학 전공 출신의 엘리트 CEO들(존 스컬리, 마이클 스핀들러, 길 아멜리오)이었다. 그들은 잡스만큼 창의와 혁신을 추구하는 창의고수 경영인이 아니었기 때문에 실패했던 것이다.

그렇다면 슈퍼창의고수 스티브 잡스가 생각하는 그만의 혁신 개념은 무엇일까? 잡스는 "연구개발 예산을 많이 투자한다고 해서 혁신이 탄생하는 것은 아니다. 애플이 맥을 내놓았을 때 IBM은 적어도 애플의 100배만큼 투자하고 있었을 것이다. 혁신은 얼마나 많이 투자하느냐에 관한 것이 아니라 조직이 어떤 인재를 확보하고 있는지, 그들을 어떻게 이끌어가고 있는지, 그들로부터 얼마나 많은 것을 이끌어내고 있는지에 관한 것이다"라고 말한다.

잡스의 혁신은 '창의고수 인재 확보'였다. '어떤 인재를 확보하고 그들로부터 어떤 것을 끄집어내는지'에 관한 것이 잡스가 생각하는 혁신의 개념이다. 창조경제시대에서는 얼마나 뛰어난 창의고수를 그 기업에 확보하고 그들로부터 어떤 창의적인 생산물을 끌어내느냐에 기업의 승패가 걸려 있다고 믿는다. 잡스는 창의고수의 중요성을 분명하게 알고 있었고 이를 최대한 활용했던 것이다.

결과적으로 마이크로소프트사의 빌 게이츠는 애플보다 100배가 넘는 인력과 자금을 투자하고도 스티브 잡스를 이기지 못했다. 그렇게 스티브 잡스는 혁신에서 창의고수 인재를 중요하게 생각했다. 돈이 아니라 사람이 더 중요한 것이다.

학교는 성공에 별다른 도움이 안 된다고?

학교는 성공에 별다른 영향을 주지 못한 것처럼 보인다. 정말 이상하게도 창의적인 인물들의 삶에서 학교의 영향이 있었다면 그것은 아이가 학교 밖에서 발견한 관심과 호기심을 억제했다는 깃이다.

아인슈타인이나 피카소 또는 T.S. 엘리엇의 업적에 학교가 어느 정도 기여했을까? 그 결과는 다소 우울하다. 특히 우리가 정규 교육제도에 투자하고 있는 노력과 자금과 기대를 생각하면 더욱 그렇다.

마하이 칙센트미하이의 『창의성의 즐거움』을 보면, 선생님들은 어떤 식으로 창의적인 아이들에게 영향력을 주었는지에 대해 설명하고 있다. 선생님들이 아이들에게 영향력을 주는 두 가지의 중요한 요인이 있다. 첫째는 학생들의 재능을 알아보고 믿고 배려하고, 둘째는 특별한 과제를 주고 다른 아이들보다 더 훈련을 시키면서 관심을 보이는 것이다.

해리 포터가
빌 게이츠를 능가한다

『해리 포터』의 저자 조앤 롤링Joan K. Rowling 역시 잡스와 같은 슈퍼창의고수로 볼 수 있다.

조앤 롤링이 얼마나 위대한 창의고수일까? 1994년, 월 10여만 원의 정부 보조금을 받으며 6개월 된 딸을 둔 무직의 30대 이혼녀가 17년이 지난 2012년 그녀의 재산은 10억 달러(약 2조 원)에 이르고, 그녀의 연 수입은 세계 최고 부자인 빌 게이츠보다 많다. 2012년, 빌 게이츠는 주식 배당금으로 450억 원을 벌었지만 그녀의 수입은 '해리 포터 시리즈'의 저작권만으로 1,000억 원이 넘었다.

어떻게 짧은 시간에 이런 엄청난 부자가 되었을까? 이유를 알고 나면 아마 놀라 뒤집어질 것이다. 한 개인의 머릿속에서 창조해낸 '해리 포터 스토리'로 이 모든 것을 이루어냈다. 2012년 '해리 포터'의 브랜드 가치는 한국 대표기업 세 개를 합친 것보다 높은 약 150억 달러로 추산된다. LG전자(57억 달러)+현대차(43억 달러)+SK텔레콤(26억 달러)을 합한 것보다 높은 것이다. 세계 최대 스포츠용품 업체인 나이키(137억 달러)보다 높다. 참으로 대단하지 않은가?

그것이 전부가 아니다. 소설은 영화로 만들어졌고 영화 시리즈의 총수익은 현대자동차의 한해 순이익을 능가한다. 경제전문지 《포천Fortune》은 "〈해리 포터〉 영화 시리즈가 벌어들인 수입은 64억 달러였으며 종결 편까지 포함하면 74억 달러(8조 4,000억 원)의 흥행 수입을 올릴 것"으로 전망했다. 이 숫자는 8조 1,049억 원이라는 현대차의 2011년 순이익을 앞지른다.[2]

자동차와 신발을 만드는 것도 엄청난 수익을 내지만, 창의적 생산물과는 부가가치나 수익 면에서 비교도 안 된다. 〈해리 포터〉 영화 일곱 편의 순수익과 현대차의 국내외 직원이 총동원되어 406만 대의 자동차를 판 수익이 맞먹을 정도다. 그러고도 브랜드가치는 두 배 이상 높다. 이것이 창의력의 슈퍼파워다.

창의력은 엄청난 경제적 파워를 가지고 있다. 제조업과 비교해 10배, 100배가 넘는 경제적 가치를 생산한다. 조앤 롤링이 카페 구석에서 칭얼거리며 우는 딸을 달래면서 쪼그리고 앉아 써내려간 작은 스토리 하나가 이 모든 것을 이루었다.

창조경제시대의 핵심가치는 비물질적인 가치가 물질적인 가치를 뛰어넘는다는 것이다. 눈에 보이지 않는 창의력의 파워가 엄청난 경제적 가치를 가져온다.

조앤 롤링은 하버드대 명예박사학위 기념 연설에서 이렇게 말한다.

"세상을 바꾸는 데 마법은 필요하지 않습니다. 우리 내면에 이미 그 힘은 존재합니다."

창의력의 파워가 오늘의 그녀를 만든 것이다.

그렇다면 창조경제시대에는 경영인과 아티스트 중 누가 영웅일까?

왜 디즈니의 대표이사는 조니 뎁에게 사과했을까?

창조경제시대에는 경영인보다 아티스트가 영웅이다. 아티스트들이 '갑'의 지위를 갖는다. 아이비리그 명문대 MBA 출신 최고경영인들의 경영능력보다는 아티스트들의 창의적인 감각이나 안목이 더 중요한 시대다. 실제로 현장에서는 이런 일들이 벌어지고 있다.

영화배우 조니 뎁Johnny Depp은 디즈니 경영진으로부터 한 통의 사과 편지를 받았다. 무슨 일일까? 콧대 높은 월트 디즈니사의 CEO 마이클 아이스너가 영화배우 조니 뎁에게 편지를 보내 정중하게 사과했다. 〈캐리비안의 해적〉이 개봉 된 후 얼마 되지 않을 즈음이었다.

제가 사과드립니다. 제가 틀렸고 귀하가 옳았습니다. 귀하 의 의견을 고수해주어서 고맙습니다. 제 말에 귀 기울이지 않은 점, 정말 감사합니다.

왜 조니 뎁에게 이런 편지를 보냈을까? 발단은 이랬다. 디 즈니는 〈캐리비안의 해적〉에 잭 스패로우 선장 배역으로 조 니 뎁을 캐스팅했다. 디즈니의 CEO는 그를 가장 섹시한 배 우라고 생각했기 때문이다.

그런데 문제가 생겼다. 조니 뎁의 캐릭터인 잭 스패로우 선장의 이미지가 경영진의 기대와는 전혀 딴판이었다. 텁수 룩한 레게머리, 입안으로 보이는 시커먼 충치, 염소수염, 엽 기적인 아이라이너, 기묘한 모자, 우스꽝스런 걸음걸이 등 그들이 생각하는 멋있는 모습과는 한참 거리가 먼 지저분하 고 괴상한 게이 같은 캐릭터였다.

곧이어 디즈니 경영진은 경악하며 제동을 걸고 간섭하기 시작했다. 그들은 고어 버빈스키 감독과 제작자 제리 부룩

하이머에게 전화를 걸어 항의했다.

"왜 뎁은 걸음걸이가 그렇게 우스꽝스럽나요? 왜 혀 짧은 소리를 하나요? 술에 취했나요? 게이인가요?"

수많은 불만을 털어놓으며 반대했다. 경영진과 제작자간에 길고 긴 싸움이 벌어졌지만 결국 영화는 감독과 배우들의 일관된 고집대로 진행되었다.

결과는 제작진의 대박 승리였다. 제작비 1억 5,000만 달러를 투자한 〈캐리비안의 해적〉은 6억 5,500만 달러라는 엄청난 수익을 냈다. 그 후 3부작으로 제작되어 디즈니는 총 20억 달러(약 2조 3,000억 원) 이상을 벌어들였다. 할리우드는 이제 〈캐리비안의 해적〉에서 잭 스패로우 선장의 캐릭터가 없었더라면 이 영화는 무지 따분했을 것이며 성공하지 못했을 것이라고 입을 모은다.[3]

오늘날의 창조경제시대에는 아티스트들이 '갑'의 지위를 가지는 시대다. 창조경제시대에는 경영진의 결정보다는 영화감독과 배우, 곧 창의고수 아티스트들의 결정과 선택이 더 중요한 시대이기 때문이다. 예전에는 전문 경영인의 경영 역량과 결정이 중요했다. 그러나 창조경제시대에서 CEO의 역량은 프로 스포츠구단의 선수영입처럼 얼마나 뛰어난 '창의고수'를 영입하고 믿고 맡기느냐에 달려있다. 비즈니스에서 경영인의 역할이 축소되고 그 자리에 창의고수 아티스트들이 대체되고 있다.

한국에서 창의고수 아티스트가 '갑'이 된 경우는 없을까?

대표이사보다 연봉이 더 많은 디자이너?

기아자동차가 바로 그런 경우다. 기아자동차에서는 대표이사보다 자동차 디자이너가 '갑'이 되었다. 왜 그렇게 되었을까?

디자이너를 대표이사보다 더 많은 연봉을 주고 모셔왔다면 어떻게 해석해야 할까? CEO보다 디자이너가 더 중요하다는 의미가 아닐까? 물론 디자이너 선택은 대표이사의 고유 권한이겠지만, 자신보다 연봉을 더 많이 주고 모셔온다는 건 디자이너가 자신의 영향력보다 더 중요하게 여긴다는 것은 아닐까? 기업경영에서 대표이사의 판단력보다 디자이너의 미적 안목이 더 중요하다고 생각했기에 내린 결정이 아닐까? 이는 기업경영에서 디자이너를 '갑'의 위치로 상승시킨 혁신적 결단이었다.

그 선택은 '엄청난 대박'을 가져왔다. 2006년, 기아자동차는 세계 3대 자동차 디자이너 중에 한 명이었던 폭스바겐의 피터 슈라이어Peter Schreyer를 선택했고, 부사장 직함과 함께 대표이사보다 훨씬 많은 연봉을 주면서 기아자동차 디자

대표이사보다 더 많은
연봉을 받는
기아자동차 디자이너
피터 슈라이어

이너로 스카우트해왔던 것이다.

권한도 부여했다. 정몽구 회장과 정의선 부회장은 "디자이너의 일에 절대 간섭하지 말라. 그리고 디자이너가 제시한 컨셉대로 무조건 차를 만들어라"고 경영진과 엔지니어, 마케팅팀의 간섭을 전격 차단하는 엄명을 내렸다. 그렇게 한국 최초의 '디자이너 중심 자동차 개발'이 시작되었다.

이 선택의 결과는 '대성공'이었다. 기아자동차는 2006-2007년 적자에 허덕였지만, 2008년 이후 급상승세를 타고 2011년에는 매출 43조 원에 영업이익 3조 5,000억 원을 달성했다. 그야말로 대박 성공이다. 천재적인 디자이너의 미적 안목이 이 모든 것을 성취했다.

사실 내가 미국에서 유학할 1990년대 중반, 기아자동차는 미국에서 가장 싼 싸구려 자동차의 대명사였다. 미국 TV 쇼에서는 기아자동차를 가장 싸고 고장 많은 자동차로 언급하며, 코미디 소재로 취급할 정도였다.

그러나 상황은 급반전되었다. 오늘날 기아자동차는 미국에서 장기 베스트셀러인 도요타 캠리를 앞지르며 승승장구하고 있고, K5는 계약 후 3개월 넘게 기다려야만 구입이 가능할 정도로 상황이 바뀌었다. 또한 자동차 정보 제공업체 '익스피리언 오토모티브' 조사에서 기아차 포르테 선호도가 68%로 1위를 했고, 'MSNBC'에서 실시한 미국 소비자 충성도에서 4위를 기록했다.

미국뿐만 아니라 세계 유력 언론과 매체의 호평이

2011년에만 60여 차례나 됐다. 그 가운데 2011년 6월, 독일 자동차 전문잡지 《아우토빌》은 유럽 대표 경차 6차종 비교 평가에서 기아차 모닝을 '1위'로 선정했다. 같은 달 호주의 유력 자동차 전문지 《ECOcar》는 '올해의 차'로 K5를 선정했다.[4]

2011년 3월에는 누적 수출 대수 1,000만 대를 돌파하며 막대한 경제적 수익을 올렸고, 주가는 2008년과 비교해서 열 배가 넘게 올랐다. 마치 스티브 잡스가 애플에 복귀하고 이룬 성과 같다.

이렇게 창조경제시대에는 아티스트의 감각이 엄청난 파워를 발휘하고 있다. 그건 그렇고, 궁금한 건 따로 있다. 슈라이어의 연봉은 얼마나 될까? 그와 동급 디자이너로 비교하는 BMW 디자인 총괄책임자로 일했던 크리스 뱅글, 2011년부터 근무 중인 삼성전자 마스터 디자이너로서의 그의 연봉은 1,000만 불(110억 원)로 추정되니 슈라이어의 연봉은 110억 원이 넘지 않을까 하고 추정해본다. 슈라이어가 벌어들인 수익에 비하면 미미하지만 이는 박지성의 연봉보다 2배나 많은 엄청난 금액이다.

기념비적인 사건이다. 미대 졸업생 연봉이 MBA 출신 연봉을 앞지른 역사적인 사건이다. 이런 변화는 경영이론보다는 아티스트의 창의적인 디자인적 감각이 창조경제시대에서는 더 중요하다는 것을 반증하는 것이다.

2013년 1월, 피터 슈라이어는 현대·기아차 디자인총괄사장으로 승진되었다. 최초의 디자이너 출신 사장이 탄생했다. 이렇게 세상이 변했다. 디자이너의 안목과 결정력이 중요한 시대, 창조경제시대가 되었기 때문에 가능한 일이다.

그러면 창조경제시대에 기업들의 전쟁은 어떤 모습일까?

창의성을 학습에 의해 배울 수 있다고?

수많은 학자들은 창의성은 후천적으로 학습할 수 있다고 강조한다. 2009년 12월호 《하버드 비즈니스 리뷰》를 보면 하버드 경영대학 교수들은 3,000명 이상의 기업 CEO와 간부들, 500명 이상의 혁신적인 기업가들을 6년 이상 연구했다. 결론은 "창의력의 20%만 타고난 것이고 나머지 80%는 배워서 익힌 것이었다"라고 했다.

역시 하버드대 경영대학 클레이턴 크리스텐슨교수는 "연구결과에 따르면 창의성의 80%는 습득해서 얻는 것"이라고 한다.

『수평적 사고』의 저자 에드워드 드 보노 또한 같은 주장을 한다. "무척이나 많은 사람이 창의력은 몇몇 사람의 천부적인 재능이라 생각하고 질시의 눈길을 보낸다. 이것은 완전히 잘못된 부정적인 태도다. 창의력은 배울 수 있고 계발 할 수 있으며 적용 가능한 기술이다."

우리는 누구나 기본적으로 창의적인 능력을 가진 존재로 태어난다. 그리고 여러분의 노력 여하에 따라 창의고수가 될 수 있다.

창의력이
최후의 승부처다

창조경제시대의 대표적인 기업전쟁은 삼성과 애플의 특허전쟁일 것이다. 이 전쟁의 지휘본부에는 창의고수 경영자인 애플의 스티브 잡스가 있었고 삼성의 이건희 회장이 있다.

삼성과 애플의 특허전쟁을 지켜보면, 세계는 현재 '창의력 약육강식의 전쟁시대'인 것이 틀림없다. 기술특허나 디자인특허 모두 창의력의 생산물들이다. 어느 기업이 더 먼저, 더 많이 특허권을 가지고 있느냐에 의해 승패가 갈리는 전쟁이다. 창의하수 기업은 창의고수 기업에게 무자비하게 짓밟히고 업계에서 사라지는 창조경제시대다.

먼저 삼성과 애플의 특허전쟁에 대해서 간단하게 정리해보자. 특허전쟁의 시작은 2011년 4월 19일 애플이 미국샌프란시스코 법원에 삼성전자를 고소함으로 시작되었고 현재 세계 10여 개국(미국, 한국, 독일, 일본, 네덜란드, 영국, 이탈리아, 프랑스 등)에서 30여 건의 특허권과 디자인의 소송이 뒤엉켜 진행 중이다. 삼성전자는 애플이 자사의 3G 이동통신특허를 침해했다고 주장하고, 애플은 삼성전자가 아이폰·아이패드의 디자인특허 등을 침해했다고 맞서고 있다.

삼성은 기술특허에서 유리한 입장이다. 삼성전자는 특허 등록수에서 노키아에 이어 세계 2위를 차지했다. 2012년 4월 18일, 미국 시장조사업체 '체탄샤마'는 1995년부터 2012년까지 20여 년간 등록된 모바일 관련 특허 700만 개를 조사해서 나온 결과다. 또한 2011년 미국 특허 상표국, 유럽 특허청 등에 등록된 휴대폰 및 통신기술 관련 특허를 분석한 결과 삼성전자가 1만 1,500건으로 1위에 올랐다고 밝혔다.[5]

애플은 디자인특허에서 유리한 입장이다. 애플의 대부분의 특허는 소프트웨어나 디자인 기반이다. 이번에 애플이 삼성에 디자인을 모방했다고 주장하는 것 중 하나가 휴대폰의 모서리가 둥근 곡선으로 된 것도 있다. 그래서 애플이 디자인관련 소송을 제기했고, 삼성전자는 통신기술과 관련된 특허소송을 제기한 것이다. 디자인 영역에선 삼성전자가 방어적이고, 기술 영역에선 애플이 방어적 입장에 있다.

이번 특허전쟁이 원만하게 타협된다면 승자는 삼성이 될 전망이다. 이세철 메리츠 종금증권 연구원은 "부수적인 효과로 삼성전자 입장에서는 그간 특허분쟁 장기화에 따라 언

론 노출 빈도가 높아져 애플과 대등한 회사로 인식돼 브랜드 인지도를 높인 계기가 됐다"고 설명했다.[6]

현재 삼성전자와 애플의 소송은 일진일퇴다. 1심 판결이 대부분의 국가에서 이뤄졌지만 승부는 더 두고 봐야 한다. 한국에선 양쪽 모두 특허침해를 인정했다. 유럽, 일본, 호주 등에서는 양쪽 주장을 받아들이지 않았다. 다만 영국의 경우 애플에게 삼성전자가 애플 태블릿 디자인을 침해하지 않았다는 내용의 광고를 신도록 명령했었다. 한편 양측은 삼성의 갤럭시 S3와 갤럭시 노트2, 애플의 아이폰5 등으로 소송 대상을 확대하고 있어 양측 간 법정 전쟁은 앞으로 상당 기간동안 계속될 전망이다.

그건 그렇고, 삼성의 특허전쟁에 대한 전쟁준비는 언제부터 했을까? 삼성이 애플과 특허전쟁에서 당당하게 경쟁하며 밀리지 않는 것을 보면 이유가 있을 것 같다.

아래 글은 삼성전자 디자인센터 벽에 적혀있는 이건희 회장의 1996년 신년사 중에 있던 내용이다.

다가올 21세기는 문화의 시대이자 지적 자산이 기업의 가치를 결정짓는 시대입니다. 기업도 단순히 제품을 파는 시대를 지나 기업의 철학과 문화를 팔아야만 하는 시대라는 뜻입니다. 디자인과 같은 소프트한 창의력이 기업의 소중한 자산이자 21세기 기업경영의 최후 승부처가 될 것이라고 확신합니다.

1996년에 벌써 이건희 회장은 "디자인과 같은 소프트한 창의력이 기업의 소중한 자산이자 21세기 기업경영의 최후 승부처가 될 것"이라고 확신했다. 17년이 지난 2013년 현재, 이회장이 예견한 것처럼 삼성은 애플과 디자인 같은 소프트한 창의력으로 특허전쟁 중이며 '최후의 승부'를 하고 있는 중이다. 대단한 선견지명이다. 물론 350명이 넘는 삼성전자 연구소의 세계적인 박사님들의 수많은 리포트들과 조언들을 듣고 내린 결정이겠지만 최종결정은 대표이사가 내린 것이다. 미래에 창조경제시대가 도래할 것을 예견하고 전략을 수립한 이건희 회장의 통찰력과 그에 대한 준비가 현재의 삼성을 경쟁력 있는 글로벌기업으로 만들었다고 나는 믿고 있다. 이런 통찰력을 보면 이건희 회장 또한 스티브 잡스 못지않은 슈퍼창의고수 경영인이라 생각된다.

이런 '창의력 전쟁시대'에 한국 청년들은 무엇을 어떻게 해야 할까?

상상은 낮에 꾸는 꿈이며, 환상은 밤에 꾸는 꿈이다

패션디자이너 칼 라거펠트는 "나는 대부분의 독서를 아침시간에 한다. 루브르 박물관과 센 강이 보이는 창가에 독서를 위한 캐노피를 특별히 마련했는데, 여기서 책을 읽거나 스케치를 한다. 그리고 상상도 한다. 밤에도 꿈을 꾸지만 나는 많은 꿈을 꾸지는 않기 때문에 낮에하는 상상이 매우 중요하다"고 말한다.

이처럼 낮에 꾸는 꿈은 창의력에 매우 중요하다. 현실에 기반을 두고 실현가능한 상상을 하는 것이 필요하다. 창의고수가 되려면 낮에 꿈을 많이 꾸어야한다. 낮에 꿈을 많이 꾸는 사람이 창의고수다.

미친 창의고수가
세상을 바꾼다

오늘날 한국 청년들은 창의고수 직장인이 되어야 성공할 수 있다. 한국기업에서 원하는 최고의 인재상이 창의고수이기 때문이다. 창의고수 직장인은 기술과 디자인개발에서 기발한 아이디어를 제시하고 솔루션까지 찾아내어 적자기업을 흑자기업으로 살려내는 이 시대 최고의 인재상이다.

그래서 오늘날 한국기업에서는 창의고수 신입사원을 채용하려고 안달이 났다. 상사가 시키는 것만 잘하는 고학력 고스펙 사원은 넘쳐나지만 창의고수 사원은 산삼처럼 구하기 어려운 인재가 되었다.

현재 한국의 기업경영에서 가장 중요한 요소는 무엇일까? 2012년, 대한상공회의소는 기업 305곳에 문의하여 무엇이 기업경영에 가장 중요한 요소인가를 설문조사했다. 그 결과 대기업은 창의성(36.3%)을 가장 중요하게 생각했고, 중소기업은 성실성·책임감(42.8%)을, 외국계 기업은 글로벌 역량(49%)을 강조한 것으로 나타났다. 창의성이 기업경영에서 가장 중요하다고 말한다.

창조경제시대에는 우수한 창의고수 인재선발에 회사의

사운이 걸렸다고 봐야 한다. 우수한 창의고수 인재를 선발하기 위한 대기업들의 노력은 창의적이고 기발한 면접문제를 보면 알 수 있다.

- 맨홀뚜껑이 둥근 이유는?　　　　　　　　　-포스코
- 서울에 바퀴벌레가 몇 마리일까?　　　　　-롯데백화점
- 한라산이나 백두산을 옮긴다면 시간과 비용이 얼마나 들겠는가?　　　　　　　　　　　　　　-SK그룹
- 어느 날 지구가 멸망위기에 처해 우주선을 타고 대피해야 하는데 당신의 가족은 네 명(부인, 아들, 딸)이지만 비행선은 2인용이다. 당신은 누구를 태울 것인가?　-LG상사

　참 황당한 문제들이다. 취업희망생들은 면접에서 이런 괴상한 문제들을 창의적으로 생각하고 기발한 해결방안을 제시해야 취업할 수 있다. 대부분 이런 문제는 정답이 없다. 정답이 없으니까 황당하고 혼란스럽다. 스펙쌓기에만 전념한 청년들에겐 악몽의 장애물들이다. 어떻게 해야 할까?
　심지어 신입사원 면접시험을 요리로 하는 회사도 있다. 주방장 뽑는 것도 아닌데 무슨 요리를 하겠냐고 생각하겠지만 사실이다. 샘표 식품은 12회째 요리면접을 진행하고 있다. 면접은 4-5명씩 조를 구성해 주어진 재료를 활용해서 요리를 만들게 하고 프레젠테이션까지 진행된다. 면접관들은 지원자들의 요리실력보다 과정을 중점적으로 본다. 요리

과정에서 나타나는 팀워크와 창의성, 독창적인 요리 아이템 등을 통해 구직자의 인성과 특성을 체크한다. 식품회사니까 요리과정으로 선발하는 것이 더 효과적일 것이다.

사실 요리는 쉬운 것이 아니다. 나도 요리를 배우고 있지만 창의력이 부족한 사람들에게 요리는 악몽의 시간이다. 요리란 것이 레시피에는 없는 미묘한 상황들을 그때그때의 감각으로 해결해야 하는데 그런 과정이 여간 어려운 것이 아니다. 설령 주어진 레시피대로 완벽하게 완성을 하더라도 비주얼은 비슷한데 시식해보면 맛이 아니다. 교과서적인 모범생들에겐 극복하기 불가능한 장애물이다.

삼성전자 또한 창의고수 사원 선발에 총력을 기울이고 있다. 2012년 3월, 삼성 채용담당자가 그룹 블로그인 '삼성이야기'에 상반기 공채를 위한 팁을 공개했다. 그가 소개한 삼성이 원하는 인재상은 "열정이 있는 사람, 창의적인 사람, '사람, 사랑'이라는 삼성의 브랜드에 부응하는 사람"이었다. 또한 2011년 9월, 삼성의 채용설명회에서 입사 가이드 책자인 삼성 리쿠르팅 매거진 《에스퀘어S²》를 배포했는데 이 책자에서 마케팅그룹 김경현 상무는 "차별화된 창의력, 해외사업에 필요한 영어실력을 갖추라"고 말했다.

심지어 2011년 삼성전자는 창의적인 인재를 선발하기 위해 필기시험 없이 면접만으로 신입사원을 선발하기도 했다. 소프트웨어 및 디자인 분야 신입사원들만 뽑는 특별전형이었다. 면접은 1, 2차로 나눠 해당 분야 과제를 해결하는 심층 역량 면접과 제시된 주제를 창의적으로 표현하는 아이디어 면접으로 진행되었다. 그러니까 창의력이 부족한 인재는 삼성에 들어가기가 매우 어렵다고 생각하면 된다.

글로벌
기업들의
창의고수
선발경쟁

삼성뿐만 아니라 외국의 글로벌 기업에도 창의력이 부족하면 취업이 거의 불가능하다. 세계적 창의와 혁신기업 구글은 꿈도 꿀 수 없다.

구글이 어떤 기업인가? 구글 입사가 미국 하버드대학보다 더 힘들다고 한다. 2011년 신입사원 채용에 113만 6,025명이 몰렸다. 전 세계에서 최고의 천재들이 이 회사로 몰렸던 것이다. 이렇게 지옥문을 뚫고 입사하려는 이유는 무엇일까? 구글은 2011년 293억 달러(33조 원)의 매출을 올리는 그야말로 세계 최고의 초우량기업이기 때문이다. 또한 '미국 최고의 직장'으로 미국 경제전문지《포천》이 선정한 바 있는 '직장인의 천국'이 그들을 유혹하고 있기 때문이다.

'직장인의 천국'인 구글에 입사하기 위해선 삼성보다 높은 창의력이 요구된다. 구글의 모토는 "창의력이 강조될 때 차별화가 가능하며, 바로 여기서 경쟁력이 생겨난다"이다. 이처럼 구글은 삼성보다 창의력을 더욱 중시하는 기업문화를 가지고 있다. 그러니 당연히 면접시험에서 높은 수준의 창의력테스트에 통과하여야 한다. 구글의 면접문제는 기상천외하기로 악명이 높다.

1. 모든 부모가 아들을 원하는 나라를 상상해보자. 가정마다 아들을 낳을 때까지 아이를 계속 낳다가 아들을 낳으면 아이를 갖지 않는다. 이 나라에서 남아 대 여아 비율은 어떻게 될까?

2. 엠파이어스테이트 빌딩 높이만큼 쌓인 주화를 갖고 있다면 그 모두를 한 방에 들어가게 할 수 있을까?

3. 여러분이 마술에 걸려서 손톱만한 사이즈로 작아져서 믹서 바닥에 지금 서있습니다. 믹서 칼날이 막 돌아가려고 해요. 여러분들이 이제 가루가 되기 일보직전입니다. 어떻게 하시겠어요?

이런 면접문제들은 그냥 단순하게 허황한 문제들이 아니다. 윌리엄 파운드스톤의 『당신은 구글에서 일할 만큼 똑똑한가?』라는 책에서 "구글에서 원하는 인재상은 창의력이 넘치지만 그냥 괴짜가 아니라 그것을 논리적으로 설명할 수 있는 능력을 가진 사람"이라 말한다. 허황한 상상으로만 끝나는 것이 아니라 실용적이고 실현가능한 솔루션까지 내놓을 수 있는 인재를 원하는 것이다.

한국 청년들에게 구글은 3년 연속 한국인들이 가장 일하고 싶어 하는 외국계회사로 꼽혔다(2위는 애플). 인종별 구별을 금지하는 정책 때문에 한국인 사원이 몇 명인지 정확하게 파악되진 않지만 현재 구글에는 약 50여 명이 있는 것으로 추측된다. 이 숫자는 한국의 경제규모에 비해 부족하다.

그럼 왜 구글에는 한국 청년들이 적을까? 한국 청년들의 창의력 수준 때문이 아닐까? 현재 한국 청년들의 창의력 수준이 어느 정도인지를 정확히 파악하기는 힘들다. 하지만 대략 추측은 할 수 있다. 단편적인 자료이지만 하마다 준이치 도쿄대 총장의 인터뷰에서 대략 가늠해볼 수 있다.

도쿄 대에는 한국인 학생도 많다. 한국인 학생에 대한 평가는?
"한국인 학생들은 대체로 일본 학생과 비슷하다. 성실하고 주어진 과제에 대한 적응력은 뛰어나지만, 도전정신은 다소 부족하다. 반면에 서양 학생들은 때로는 논리적인 비약이 있지만 매우 크리에이티브하다." [7]

정리해보면 한국인 학생들은 주어진 과제, 즉 답이 정해진 것은 잘하지만 답이 정해지지 않은 것, 새로운 것을 시도

하는 도전정신(창의력)은 부족하다고 평가한다.

이것이 현재 한국 청년들의 현실이다. 삼성은 세계 최고의 기업 애플과 대등하게 겨루고 있지만, 불행하게도 한국 청년들의 창의력은 세계적 기준보다 한참 뒤떨어진다. 한국 교육계가 창의력교육에 성과를 못 내고 있다는 증거다. '창의적 전문 지식인 육성'이라고 학교 정문에 크게 적어 놓고 있지만 현실에선 산업사회의 '성실하고 근면한 전문 지식인'만 육성하고 있다.

21세기 창조경제시대에서는 창의고수 인재를 원한다. 스펙 좋은 똑똑한 인재보다 창의적 인재를 원한다. 상사가 시키는 것만 잘하는 기계 같은 인재는 넘치고 넘친다. 한 번의 '클릭'으로 원하는 지식과 정보를 1초 안에 무한정으로 찾을 수 있는 디지털시대에는 똑똑한 인재가 더 이상 '워너비' 인재상이 아니다.

이 시대가 원하는 창의고수 인재란?

창의고수란 어떤 인재일까? 기계나 컴퓨터가 할 수 없는 일을 하는 인재, 상사의 지시가 없어도 스스로 문제를 찾고 해결하는 인재, 주어진 문제를 해결하기보다 새로운 문제를 찾아내는 인재, 세상을 자기의 의지대로 살고 세상을 바꾸는 인재, 한정된 일자리를 놓고 경쟁하는 대신 자신의 기업체를 창업하고 일자리를 만드는 인재, 자기만족에만 그치지 않고 세상과 이웃까지 행복하게 만드는 인재, 그것이 창의고수The Creative Master다.

여기 미친 사람들(슈퍼창의고수들)이 있다.

사회 부적응자, 혁신가, 문제아, 네모난 구멍에 둥그런 못과 같은 존재 그리고 세상을 다르게 바라보는 사람들이 있다.

그들은 규범에 얽매이는 걸 싫어한다.

그리고 현재 상태에 만족하지 않는다.

우리는 그들을 좋아하거나 싫어하거나 비판하거나 숭배할 수 있다.

하지만 절대로 무시할 수는 없다. 그들이 세상을 바꾸고 있기 때문이다.

1997년에 발표했던 애플의 광고 '미친 것들Crazy Ones'에 나온 내레이션의 일부다. 애플의 CEO 스티브 잡스의 철학이 잘 드러난 광고다. 여기서 말하는 미친 사람들이 바로 '창의고수들'이다.

애플의 광고처럼 오늘날에는 창의고수들이 세상을 바꾸고 변화시키고 있다. 명심하라! '미친놈, 사회 부적응자, 문제아, 네모난 구멍에 둥그런 못'과 같은 창의고수들이 세상을 바꾸고 있다.

그러면 창의고수는 어떤 가치관과 사고법을 가지고 세상을 어떻게 살아갈까? 창의고수가 되려면 어떻게 해야 할까?

제2부

기존의
가치관을
뒤엎고
혁신하라

창의지수를 높이면 사랑지수가 높아지고

사랑지수가 높아지면 행복지수가 높아지고

행복지수가 높아지면

다시 창의지수가 높아지고…….

창의, 사랑, 행복은 동의어다.

생각은 항상 '내부수리 중'

한번은 딸의 조언을 받아들여 그리던 작품을 수정한 적이 있었다. 2006년, 〈별이 빛나는 밤의 헤르메스〉와 비슷한 작품을 작업하고 있을 때였다. 하루는 10세 된 딸이 내 작업실에 방문해서는 이렇게 말한다.

"아빠, 머리를 모피로 붙이면 어떨까요?"

최규
〈별이 빛나는 밤의
헤르메스〉
2011

작업실 한쪽에 널려있던 인조모피를 가리키면서 말한다. 여러 가지 생각을 하다가 나는 딸의 제안을 쿨하게 받아들여 작품을 수정했다.

결과는 대성공이었다. 지금까지 내 작품에 나오는 캐릭터들의 머리카락 부분은 인조모피를 붙이고 있다. 이후 인조모피는 내 작품의 중요한 '시그너처 룩'이 되었다. 다른 작가들의 작품과 구별되는 차별화로 인조모피를 활용하고 있다.

그런데 사람들은 내가 딸의 조언을 받아들여 작품을 고쳤다고 하면 못 믿겠다는 듯 의아해 한다. 왜 그럴까?

사고를 물 위에 띄워 놓아라

많은 창의고수들이 유연한 사고를 가지라고 강조한다. 사고를 흐르는 물 위에 띄워 놓아야 한다고 한다. 사고를 말뚝에 고정되게 묶어놓으면 창의적인 사고에 방해가 되기 때문이다.

뉴욕에 가면 기념품으로 반드시 사야 될 것 같은 "I ♥ NEW YORK" 티셔츠 문구의 디자인은 그래픽디자이너 밀튼 글레이저Milton Glaser의 작품이다. 그는 "아이디어를 한정시키는 것을 경계하라"라고 주장한다.

또한 "아이디어 몇 개에 자신을 한정시키는 것이야말로 가장 경계해야 할 일이다. 어떤 아이디어건 수정할 여지가 없다고 느낀 적은 단 한 번도 없다. 아무리 많은 시간을 투자했더라도 마찬가지다. 사람들은 시간이 많이 걸리면 마치

밀튼 글레이저의
'I ♥ NEW YORK'
그래픽 디자인

예금통장처럼 뭔가를 투자했다고 느끼는 경향이 있다. 하지만 많은 시간을 투자했어도 낡은 느낌을 준다면, 그런 아이디어는 버려야 한다"라고도 말한다.[8]

전 BMW 수석 디자이너이자, 현재 삼성전자 수석디자이너인 크리스 뱅글Christopher Edward Bangle도 사고의 유연성을 강조한다.

"한 가지 아이디어에 지나치게 오래 집중하면 다른 아이디어를 창출할 통로가 막힌다. …… 하지만 마음을 열고 다른 의견들을 받아들이면 더 많은 아이디어가 나올 수 있다."[9]

그렇다면 과연 유연한 사고를 하는 창의고수들은 사고의 가치판단을 어떤 상태로 둘까?

**바뀌는 상황을
유연하게
받아들여라**

사고의 판단 시스템을 '내부수리 중' 상태로 두는 것, 이것이 창의고수 스타일이다. 사고의 가치판단 시스템을 '공사 완료' 상태가 아니라 바꾸기 쉬운 '내부수리 중' 상태로 유연하게 두는 것이다. 어떤 사고나 법칙도 변하지 않는 진리는 없다고 여긴다. 이런 사고의 유연성이 새로운 생각을 받아들이기 쉽게 만들고, 적용하기 쉽게 만든다. 이런 태도가 창의고수들의 공통된 사고법이다.

자신이 아끼던 작품이 운반도중 인부들의 실수로 파손되었는데 화내기는커녕 오히려 좋아했다면 '미친 거 아냐?'라는 생각이 먼저 들 것이다. 그 미친놈은 바로 천재적인 현대미술작가 마르셀 뒤샹Marcel Duchamp이다.

1927년, 마르셀 뒤샹이 8년에 걸쳐 제작한 대형작품인 〈심지어, 그녀의 독신자들에 의해 발가벗겨진 신부〉는 뉴욕의 부르클린 미술관에 전시된 후, 코네티컷 주의 웨스트 레딩에 있는 캐서린이라는 아트딜러의 집으로 옮기는 도중, 인부들의 실수로 파손되어 유리가 산산조각이 났다. 천문학적인 가

마르셀 뒤샹
〈심지어, 그녀의
독신자들에 의해
발가벗겨진 신부〉
1915-1923

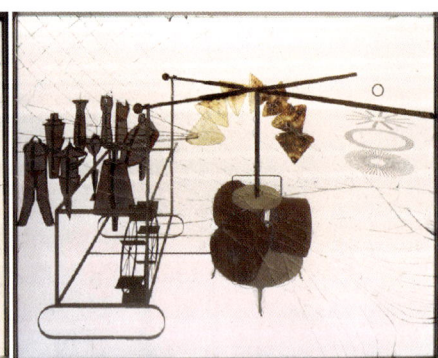

치를 지닌 미술작품이 파손되었으니 관계자들은 패닉에 빠졌고 어떻게 해결해야 할지 몰라서 우왕좌왕 했다. 모두가 마음을 졸이며 그 상황을 조심스럽게 뒤샹에게 보고했다.

하지만 그의 반응은 의외였다. 깨진 작품을 보고는 도리어 우연에 의해 구성이 완성되었다면서 좋아했다.

우하하하하하♪ 뒤샹은 파손된 유리위에 강화유리로 다시 보강하고는 깨진 유리작품을 이전보다 더 좋아했다. 현재 이 작품은 유리가 산산조각으로 금이 간 상태로 필라델피아 미술관 창가에 고이 전시되어 있다.

이런 사고의 유연성은 일반인들에겐 절대로 일어날 수 없다. 작품이 파손되었으니 보상하라고 길길이 날뛰면서 난리를 쳤을 것이다. 그러나 고수는 달랐다. 바뀐 상황을 유연하게 받아들여 그 속에서 장점을 찾아낸 것이다.

사전계획이란 없다

배우들과 스텝들을 모두 모아놓고, 영화촬영 당일 아침에 대본을 쓰는 감독이 있다고 하면 믿어지는가? 바로 홍상수 감독 얘기다. 그는 영화대본을 촬영 당일 아침에 쓰는 것으로 유명하다.

홍 감독은 영화 열네 편이 세계 3대 영화제(칸, 베니스, 베를린)를 포함하여 세계 주요 영화제에 242회나 초청을 받을 정도로 예술성을 인정받은 세계적인 영화감독이다. 그런 그의 영화촬영 스타일은 예측불허다. 영화스텝들은 촬영 전

날까지 제목과 내용조차 모른다. 심지어 배우들도 촬영 당일 아침에 대본을 받는다. 그날 아침에 비가 오면 그날 영화의 배경은 비가 오는 것이고, 눈이 오면 눈이 오는 장면으로 시작한다고 한다.

심지어 그날 아침에 쓴 대본조차도 촬영 도중 수정된다. 2012년 제작된 〈다른 나라에서〉 영화촬영 도중 생긴 일이다. 영화 속에서 배우 유준상이 프랑스 여배우 이자벨 위페르를 위해 기타를 치며 노래를 부르는 장면을 촬영할 때였다. 대본에는 여배우가 노래를 듣다가 지루해서 딴청을 피우는 장면이었는데, 그녀가 촬영 도중 대본과 다르게 말했다.

"와우, 아름다운 목소리네요."

그러자 "컷!" 하면서 홍 감독은 "그래, 이걸로 가자!" 하고 그 자리에서 즉흥적으로 스토리를 바꿔버렸다고 한다.

우하하하하하♪ 이런 즉흥적인 사고의 변화와 수용은 '내부수리 중' 사고가 아니면 절대 불가능하다. 더 나은 것이 나오면 항상 수용할 수 있는 유연한 사고의 판단 시스템을 가동하고 있었기 때문에 가능한 일이다.

누구의
조언도
받아들여라

스페인에 있는 빌바오 구겐하임 현대미술관을 디자인한 세계적인 건축가 프랭크 게리Frank Gehry. 그런 그가 12세 아들의 의견을 받아들여 건축디자인을 바꿨다면 믿어지겠는가? 믿어지지 않겠지만 사실이다. 남의 조언을 따라 디자인을 수

정하는 일은 명성 있고 성공한 건축가일수록 받아들이기 어려운 것이지만 그는 그렇게 했다. 내가 내 딸의 아이디어를 받아들인 것 같이 그도 쿨하게 받아들였다.

미국 미니애폴리스에 지을 〈프레더릭 R 와이즈먼 미술관〉 설계과정에서 그는 고민을 하고 있었다. 건물 외장에 번쩍이는 유광 금속판을 쓸지, 그렇지 않은 무광을 쓸지 고민하다가, 최종적으로 광이 나지 않는 무광을 쓰기로 결정을 내렸다.

일주일 후, 그의 아들 샘을 캠프장에 데려다 주러 가는 길에 우연히 공사현장을 다시 찾았다. 아들은 이렇게 말했다.

"아빠, 거울처럼 번쩍거리는 것으로 하세요! 그게 정말 멋질 거예요."

순간 그의 생각이 바뀌었다. 아들의 의견을 듣고는 확신이 들어서 번쩍이는 금속판으로 선정했다. 결과는 대성공이었다. 그의 아들 의견처럼 햇빛이 건물의 금속판에 비출 때면 모든 햇살이 반짝반짝 반사되면서, 오래된 대학교의 칙칙한 벽돌 빌딩들 사이에서 '블링블링'하게 자신의 존재감을 과시하며 모든 사람들의 시선을 단번에 끌어모았다. 이 미술관은 프랭크 게리의 대표적인 건축물 중 하나로 남게 되었다.[10]

**생각에
뚜렷한 확신을
갖지 않는다**

자수성가한 사람일수록 창의적이지 못한 경향이 있다. 힘든 고난을 자신만의 신념 하나로 극복했기 때문에 자기만의 가치관이 불변의 진리처럼 확실하게 굳어져서 그렇다. 고집 또한 보통이 아니다. 다른 사람의 의견은 절대 받아들이지 않고 자기 고집대로만 한다. 그동안의 성공경험이 그를 그렇게 만들었다. 불행하게도 이제 '확신남'이 창의사회에 '위기남'이 되었다.

정재승 카이스트 교수는 성공하는 사람들에 대해 이렇게 말한다.

"지금 이 상황에서 우리가 할 수 있는 최선의 의사 결정은 이것이다. 이걸 위한 준비를 하지만 만약에 추가로 어떤 정보를 알게 되거나 상황이 변하면 나는 이 의사 결정을 언제든지 바꿀 용의가 있다. 왜냐면 나의 미션은 의사 결정을 한 다음에 이걸 완수하는 것이 목표가 아니라, 최선을 다해서 최고가 되는 것이 목표이고 최고가 되기 위해서 내 의사 결정은 언제든지 조절될 수 있기 때문이다."[11]

어떤 생각에 뚜렷한 확신을 가지지 않는 것, 항상 수정 가능하다고 여기고 유연하게 사고하는 것, 그것이 바로 창의고수의 사고법이다.

인간의 두뇌는 한 번 과거의 사고와 행동 패턴에 성공하면 상황이 변해도 같은 행동을 반복하는 본능적 습관이 있다. 그것을 전문용어로 '두뇌함정Brain Trap'이라 한다. 한 번 성공을 하면 그 방법으로 계속 반복하려는 본능이 두뇌 속에 잠재되어 있다는 것이다.

맛집으로 소문난 레스토랑에 별난 앵무새가 있었다. 그 앵무새는 매일 레스토랑에서 같은 소리를 외쳤다.

"이 집 맛없어, 이 집 맛없어."

앵무새의 엉뚱한 소리에 손님들은 웃으면서 좋아했고 인기도 많았다. 그런데 어느 날부터 레스토랑에 장사가 잘 안 되기 시작했다. 그러나 앵무새는 여전히 같은 소리를 외쳐 댔다.

"이 집 맛없어, 이 집 맛없어."

앵무새는 결국 예쁜 카나리아로 교체되었다.

앵무새처럼 퇴출당하지 않으려면 항상 사고를 '내부공사 중'인 상태로 두고 새로운 생각이나 상황을 유연하게 받아들일 줄 알아야 한다. 세상에 절대적인 진리는 없다고 생각해야 한다. 최선의 진리만 있을 뿐이다.

그렇다면 어떻게 해야 '사고의 유연성'을 키울 수 있을까? 즉흥여행을 한번 시도해보라! 길거리에 즉흥적으로 아무 버스나 올라타고 무계획적으로 하루 동안 이리저리 발길 가는 대로 여행해보라. 내 제자 중 한 명은 내 조언을 듣고 즉각 실행에 옮겨 대구에서 부산 해운대까지 다녀왔다고 했다. 그 여행에서 기대하지 않았던 좋은 일들이 많이 일어났다고 한다. 계획이나 의지를 비워둔다면 흥미롭고 새로운 일들이 많이 일어난다. 그 '무계획 여행'에서 회사를 부도위기에서 구해낼 묘안을 찾아낼지 혹시 아는가?

다른 방법으로는 '모든 의견의 가치는 평등하다'는 규칙을 정하고 회의를 진행하는 것이다. 아이디어의 출처를 무시하고, 아이디어의 가치는 평등하다고 생각한다. 남녀노소 지위불문 출처불문하고 모든 아이디어를 부장님이 제시한 아이디어와 같은 중요도로 생각하는 습관을 가져야 한다.

시간이 흘러 창의고수의 '내부수리 중' 사고법이 익숙해지게 되면 여러분은 자신도 모르는 사이에 창의고수가 되어 있을 것이다.

외국어를 잘하면 창의력이 높아진다?

언어 능력은 창의성 향상에 도움이 된다. 이유는 다음과 같다. 첫째, 하나의 현실을 서로 다른 방식으로 코드화 할 수 있다. 둘째, 같은 개념을 표현하는 데 있어 두 개의 다른 연결망이 존재하고 있기 때문에 단어, 용어에 대해 더 많은 연상 작용을 이끌어낼 수 있다는 점이다. 셋째, 모호한 상황에 대한 대처 능력이 향상되기 때문이다.[12]

실용보다
꿈과 상상이 먼저다

한번은 저녁 준비를 하는데, 딸아이가 오더니 급하게 먹으려고 젓가락을 든다. 그래서 나는 아직 준비가 되지 않았으니 기다리라고 했다.

"데코레이션이 아직 안 되었어. 그리고 음악도 좀 틀어라!"

우리는 '아티스트 패밀리'이기 때문에 허겁지겁 배고픔만을 채우기 위한 식사를 해서는 안 된다고 딸에게 말했다. 그랬더니 딸은 입을 삐죽삐죽한다.

창조경제시대에는 아름다움, 꿈과 사랑, 행복, 낭만 같은 비물질적인 것이 우선 되어야 한다. 요즘 한국에서 패션에 관한한 실용적인 사고를 가진 사람은 거의 없다. 백화점에 가서 따뜻하고 오래가는 옷을 사려는 사람은 찾아보기 힘들다. 하지만 식생활은 여전히 실용적 태도가 많이 남아있다. 배고픔만을 채우기 위해 음식을 먹는 태도는 이제 바뀌어야 한다. 이제는 즐기기 위해 먹어야 한다. 식탁 위에 아침 산책길에서 꺾어온 들꽃 한 송이 꽂아놓고 좋아하는 음악도 틀어놓고 즐거운 대화를 나누면서 즐겨야 한다.

창의고수가 되려면 변해야 한다. 실용적인 것을 먼저 찾는 사고로는 창의고수가 될 수 없다. 실용적인 사람이 인기 있었던 시대는 근대화가 한창이던 산업사회였다. 빨리 밥 먹고 일하러 가야 하는 사람들이 그렇게 했다. 미국 건축가 스티븐 홀Steven Holl 또한 "다른 길로 가봅시다. 먼저 창조적인 해법을 찾고 나서, 나중에 실용적인 문제들을 고민합시다"라며 실용보다는 창조적인 일을 먼저 추구하자고 말한다.[13]

밥 대신
장미 한 송이

'꽃' 하니까 나의 대학시절이 생각난다. 나는 궁핍한 대학생활을 했지만 정신적으로는 부자가 되려고 노력했다. 당시 대구 앞산 앞에 있는 아파트 지하실을 작업실로 개조해서 후배 두 명과 같이 생활했었다. 차비가 없어서 집까지 한 시간을 걸어간 적도 많았고, 수돗물로 배를 채운 적도 많았다. 그때는 그렇게 가난하게 생활하던 학생들이 많았다.

하지만 나는 특히 더 궁핍했다. 거의 독학으로 대학을 다니는 가난한 미술대 학생이었다. 그런 중에도 나는 빨간 장미 한 송이를 작업실 테이블 위에 꽂아놓았었다. 일종의 자존심이기도 했다. 배가 고파도 밥 대신 장미 한 송이를 사서 꽃병에 꽂아놓으면 그것이 그렇게 좋았다. 식탁 위의 장미 한 송이, 배부른 부자들에겐 없는 것, 배고프지만 그들보다는 내가 낫다고 자부하며 대학생활을 보냈었다.

같이 사는 후배들은 이해 못하는 눈치였지만 지금 생각하면 그 '장미 한 송이'가 오늘의 나를 있게 했고, 포기하지 않고 계속 아티스트 생활을 하게 만들었다고 생각한다. 예술가는 실용적이기만 한 사람과 다르게 생각하고 다른 길을 걸어야한다는 그런 철학이 오늘까지 나를 지지하는 힘이 되었다.

실용적인
가치를 버려라

친구에게 파리의 공기를 선물한다? 얼마나 낭만적인 생각인가? 연애소설에 나오는 스토리 같지만 슈퍼창의고수 마르셀 뒤샹이 친구에게 선물한 작품 중 하나다. 개인적으론 뒤샹의 작품 가운데 〈50cc의 파리공기〉를 가장 좋아한다.

1919년 12월 17일, 뒤샹은 파리에서 뉴욕으로 가는 배를 타기 전에 부로메 거리에 있는 약국으로 가서 종처럼 생긴 1회분 주사약이 든 유리병을 샀다. 그리고는 유리병 내용물을 쏟아버리고 약사에게 부탁해 입구를 다시 봉해서 뉴욕으로 가지고 왔다. 그리고 뉴욕에 사는 아렌스버그 부부에게 선물했다.[14] 뒤샹은 뉴욕에 사는 친구에게 '파리공기 50cc'를 유리병에 담아 선물한 것이다.

만약 뒤샹이 다른 예술가처럼 진지하게 금전적 가치를 가진 작품으로 생각했다면 이런 종류의 작품자체가 만들어지지 않았을 뿐만 아니라 친구들에게 가볍게 선물하지도 않았을 것이다.

항상 실용적인 가치만을 우선적으로 생각하는 일반인들에게서는 꿈도 꿀 수 없는 순수한 생각에서 나온 작품이다.

이런 행동과 가치관이 뒤샹을 위대한 아티스트로 만든 것이다.

그런가 하면 15세기 이탈리아에 한 '남자 파티 플래너'가 있었다. 이 남자는 동화책에 나오는 것처럼 케이크와 과자로 결혼식을 연출하기로 기획을 했다. 누구 이야기냐고? 창의 고수 레오나르도 다빈치Leonardo da Vinci 이야기다. 다빈치는 실용적인 것과는 한참 거리가 먼 꿈꾸는 아티스트였다.

파티의 컨셉은 과자와 케이크였다. 1492년, 루도비코가 베아트리체 데스테와 혼인식을 하게 되었고 혼인식 무도회 파티를 다빈치가 기획하게 되었다. 다빈치는 무도회를 야외에서 치르려고 스포르차 궁전 뜰에 70미터 길이의 거대한 천막을 쳤다. 천막 안에는 케이크, 옥수수죽, 호두, 건포도,

온갖 색깔의 빵을 이용해 거대한 구조물을 세웠다. 혼인식에 초대받은 손님들은 빵과 케이크로 만든 문을 통과해 빵으로 만든 의자에 앉아 빵으로 만든 식탁 위에 놓인 케이크를 먹는 것으로 기획했다. 고소한 과자냄새와 빵 냄새가 진동하는 환상적인 무도회 파티가 될 것 같았다.

하지만 전혀 예상치 못한 사태가 벌어졌다. 혼인식 전날 밤 밀라노의 모든 쥐와 새떼들이 파티장 텐트를 습격했던 것이었다. 루도비코의 하인들은 뜬눈으로 이 초대받지 않은 방해꾼들과 맞서 싸워야 했다.

마침내 날이 밝았다. 파티장은 난장판이 되었다. 허리까지 차오른 빵 부스러기 속에 뒤섞인 쥐와 새들의 시체로 옴짝달싹할 수 없게 되었다. 결국 혼인식은 자리를 옮겨 다른 장소에서 치러야 했다.

우하하하하♪ 다빈치다운 발상이다. 이런 파티기획은 아마 다빈치만이 할 수 있는 발상일 것이다.

1400년대 이탈리아는 일반 서민들이 가난과 기아로 허덕이던 시절이었다. 설탕은 가격이 매우 비싼 고가의 사치품이었기 때문에 설탕이 들어간 빵과 케이크를 파티를 장식하는 구조물로 만든다는 발상 자체가 동화 속에서나 가능한 일이었다. 하지만 이런 동화 속 상상의 세계를 현실에서 실현하려 했던 것은 창의고수만이 할 수 있는 것이다. 실용적이고 경제논리로만 똘똘 뭉친 비즈니스맨들에게는 죽었다 깨어나도 생각할 수 없는 행동이다. 이런 남다른 가치관이

다빈치를 인류역사에서 돋보이는 위대한 아티스트로 만들었던 것이다.

**낭만과 야성의
꿈을 꾸어라**

남자들은 이상하게 오토바이를 보면 미친다. 오토바이는 남자들이 공통적으로 비실용적인 태도에 빠지는 신기한 물건이다. 기능적인 측면 때문이 아니라 '로망적인 이미지' 때문이다. 오토바이를 타면 석양을 등지고 말을 타고 떠나는 카우보이가 된다. 오토바이 뒤에 예쁜 미인을 태우고 달리면 영웅이 된 것처럼 세상에서 부러울 것이 없다. 휴일 외곽도로에 선글라스와 가죽 재킷을 입고서 스카프를 휘날리며 줄지어 오토바이를 타고 가는 덩치 큰 아이들을 보면 무척 기분이 즐거워 보인다.

내 주변에도 이런 카우보이 한 명이 있다. 내가 근무하는 학교에서 강의를 하는 정 선생은 할리 데이비슨(미국 최대의 모터사이클 제조사) 동호회 대구지부장이다. 정 선생이 한 번은 동호회 간부 세 명과 함께 할리를 타고서 대구에서 서울까지 영화배우 최민수를 만나러 간 스토리를 이야기하는데 참 재미있었다.

그날 정 선생과 세 명의 남자들은 최대한 멋있게 차려입고 애마 할리를 타고서 대구에서 서울을 향해 출발했다. 풀옵션 할리 복장을 완벽하게 착용하고 선글라스를 끼고 스카프를 휘날리면서 국도를 유유히 달렸다. 줄 맞춰서 멋있게 달렸다. 한국에서는 고속도로 진입을 허용하지 않기 때문에 국도로만 달렸다.

그러나 꿈과 현실이 다르다는 것을 깨닫기에는 오래 걸리지 않았다. 국도를 달리는 동안 날파리들이 달려들어 고글에 부딪히거나 입에 들어와서 '사나이' 폼이 말이 아니었다. 여기에 갑자기 내린 소나기로 비에 젖은 이들의 모습은 더욱 비참해졌다. 시골길 다리 밑에 쪼그리고 앉아 비를 피하고 있는 덩치 큰 카우보이들의 모습을 상상해보라.

아이러니하게도 카우보이들을 구해준 건 고물 스쿠터를 몰고 온 철가방 아저씨였다. 다리 밑에서 배고픔에 쭈그리고 앉아 있던 카우보이들은 마침 지나가는 철가방 아저씨에게 자장면 배달을 시켰다. 비 오는 시골길 다리 밑에 선글라스 끼고 가죽 재킷 입은 터프한 사나이들이 나란히 쪼그리고 앉아 후루룩 짜장면 먹는 모습은 그들이 기대했던 멋있는 영화의 한 장면은 아니었다.

그래도 모든 것이 즐겁다. 위대한 카우보이를 만나러 가는 '모험의 여정'에서 이 정도 고생쯤은 아무것도 아닌 것이다. 당연히 겪어야하는 고난처럼 느껴졌다. 서울에 도착할 즈음엔 몰골이 말이 아니었다. 먼지와 날파리 습격을 물리치고, 소나기를 물리치고, 배고픔을 물리치고 허리의 통증을 물리치고 드디어 초췌한 모습으로 목적지에 도착했다. 마치 카우보이가 악당들을 물리치고 영웅이 되는 과정처럼 험난한 여정을 뚫고 온 것이다.

마침내 만나기로 한 서울의 어느 카페에 도착했는데 위대한 카우보이를 만나는 모습도 드라마틱했다.

네 명이 카페입구에 줄지어 할리를 도열하고 기다리자 최민수가 나타났다. 또 다른 멋진 할리를 타고 나타난 최민수는 이를 모두 드러내고 활짝 웃으면서 가까이 걸어 들어왔다. 영화의 한 장면처럼 웅장한 음악이 들리는 환청과 후광이 비치는 환상을 경험하며 슬로우 모션으로 그가 들어왔다.

그리고 그는 오른손으로 자기 가슴을 두 번 탁탁 치고는 양팔을 쫙 벌렸다. 그리고 한 명씩, 순서대로 그의 품 안에 안겼다고 한다. 그때 그들은 감격스러워 눈물이 나올 것 같았다고 했다. 힘든 여정이었기에 더 감격스러웠을 것이다.

우하하하하하♪ 이 스토리를 듣는 동안 너무 재밌었다. 마치 한편의 영화를 관람하는 듯 스토리에 빠져들었다. 참 신기하다. 여자들이 이해 못할 그 어떤 꿈과 상상의 세계가 남자들에게는 할리를 매개체로 자연스럽게 일어난다.

할리는 단순한 이동수단이 아니다. 꿈과 상상으로 가는 면허증이다(실제로 할리는 "우리는 꿈을 채워준다We Fulfill Dreams"는 슬로건 아래 남자의 꿈과 상상을 실현하는 이미지 마케팅 전략을 펼친다). 할리는 '자유와 반항'이라는 꿈을 실현하기 위한 수단이다.

할리의 주요 고객들은 자유로운 영혼과 모험을 선망하는 평범하고 가정적인 남자들이다. 직장에서 성실하게 힘든 일주일을 보낸 다음 허리가 편안한 의자가 달린 오토바이를 타고 석양 속으로 마음껏 자유롭게 달리고 싶어 하는 '패밀리맨'들이다.

정 선생도 가정으로 돌아가면 아내의 잔소리를 무서워하고 아이들을 좋아하는 순한 양이다. 하지만 할리를 타는 순간 야생의 거친 사자가 되어 석양의 들판을 마음껏 달린다. 얼마나 재미있고 즐겁겠는가? 상상만으로도 즐겁다.

이런 꿈을 꾸는 남자들이 많아야 행복하고 즐거운 사회, 곧 창의사회가 된다. 실용적이고 경제논리로만 따지는 남성들은 할리를 영원히 타지 못할 것이다.

한국이 창의사회가 되려면 이렇게 꿈과 상상을 추구하는 남자들이 많아야 한다. 정 선생 같은 '낭만의 사나이'들이 많아야 한다. 아내들은 고개 숙인 남편들에게 낭만과 야성의 꿈을 되돌려줘야 한다. 그리고 꿈과 상상을 추구하는 낭만의 사나이인 정 선생은 재능 있는 디자이너 출신이다.

'킬힐'을 많이 신어야 한다

실용성만 추구하는 사고는 개발도상국적인 라이프스타일이다. 아름다움, 꿈, 상상, 낭만같은 비물질적인 가치를 우선적으로 추구하고 실용적인 것은 나중에 찾아야 한다. 여러분들이 어떤 일을 할 때 '그렇게 하면 뭐가 이익이 될까?', '이익이 안 되는 일을 왜 할까?' 이런 생각이 먼저 든다면 '내가 창의적이지 않구나!'라고 생각하면 대부분 맞다.

대학교에서 학생들의 패션을 보면 실용적인 패션이 많다.

등산용 가방을 학생들이 많이 메고 다니는데, 이건 창의적인 시각에서는 좋지 않은 패션이다. 등산용 가방은 미적 디자인보다 기능적인 용도의 가방이다. 물론 미적인 면이 고려된 등산 가방이 있긴 하지만, 대부분은 기능위주의 등산용 가방을 많이 들고 다닌다. 조그만 소품을 선택하더라도 미적인 디자인을 우선적으로 생각하고 실용성은 그다음으로 생각해야 한다.

여학생이 패션에선 더 낫다. 하이힐은 걸어 다니기 불편한 비실용적인 신발이다. '킬힐'을 신고 아슬아슬하게 걸어 다니는 여학생들을 보면 안쓰럽다는 생각도 든다. 하지만 이런 태도가 좋다. 다리가 길어 보이는 미적 아름다움을 위해 불편을 감수하는 태도, 이런 태도가 창의적인 문화를 만든다. 실용적이고 기능적인 등산화나 운동화만 줄곧 신고 다니는 여학생들보다 하이힐을 자주 신는 그녀들이 좋다. 같은 이유로 미니스커트를 입는 여학생들도 좋다. 이러한 가치관이 창의고수 스타일이다.

한국중년 남자들의 패션은 비창의적 스타일이다. 아웃도어 기능성 등산복을 너무 사랑한 나머지 모든 장소에 이 옷을 입고 출입한다. 특히 자전거를 탈 때 아랫부분이 타이트하게 꽉 끼는 바지를 입고 레스토랑을 휘젓고 다니는 모습을 보면 참 보기가 민망하다.

아웃도어 기능성 옷을 입고 고급레스토랑에도 가고, 운동장에도 가고, 커피숍에도 가고, 심지어 직장에도 간다.

이건 창의고수 라이프스타일이 아니다. 등산복은 기능성 옷이지 미적인 패션이 아니다. 몇몇 등산복은 미적인 디자인이 뛰어난 제품이 있긴 하지만 대부분은 아니다. 기능 위주, 실용 위주 스타일을 좋아하는 가치관 속에는 창의성이 없다.

직장인 여러분이 창의고수가 되고자 한다면 무엇을 하던지 아름다움과 상상력을 먼저 추구해야 한다. 실용적인 선택은 그 다음에 생각해야 한다. 그것이 불편하고 돈과 시간이 많이 들더라도 그렇게 해야 한다.

성공한 사람일수록 창의성 부족하다고?

인간의 두뇌는 해결할 문제가 생기면 과거의 기억을 훑어 과거의 사건과 동일한 상황과 해결책을 다시 끄집어낸다. 과거의 경험을 통해 해결책을 찾고, 똑같은 실수를 피할 수 있도록 두뇌가 작동하는 것이다. 위험을 피하고 생존하기 위해선 최상의 시스템이다. 그런데 이런 두뇌기능이 창의적인 시각에서는 역기능으로 작용될 때도 있다. 이를 전문용어로 두뇌 함정Brain Trap이라 한다.

창의성의 핵심은 새로운 아이디어와 해결책을 찾는 것인데, 두뇌가 작동하는 시스템과는 역행하는 것이다. 두뇌는 새롭고 독창적인 해결책보다는 과거의 패턴을 반복하는 것을 본능적으로 좋아하기 때문이다.

이런 이유로 과거에 성공을 많이 한 사람일수록 두뇌함정이 발달하여 새로운 시도를 하기 힘들다. 그래서 실패 없이 성공 신화만을 달려온 사람일수록 본능적으로 새로운 시도를 회피하려는 경향이 높게 나타난다. 과거에 성공했던 방법대로 하자고 고집하는 것이다. 그래서 기업에서는 "가장 성공할 때가 가장 위험한 시기"라고 이구동성으로 얘기한다.

아침 출근길에 옆집 아줌마가 유치원생인 딸을 등교시키려고 길 옆에 서 있는 것이 보였다. 통학버스를 기다리는 것 같았다. 지나가는 길에 인사차 말을 걸었다.

"아이고 예쁘네. 어쩜 그렇게 예쁘니?"

그러자 여자아이는 이렇게 말한다.

"아니예요 아저씨, 오늘은 좀 안 예뻐요, 머리 모양이 좀 별로거든요."

그러자 옆에 있던 아줌마는 얼굴을 붉히며 아이를 나무란다. 아이가 잘못한 것이 없는데 엄마는 왜 아이를 꾸중할까? 아이는 그냥 솔직하게 대답을 했을 뿐이다. 엄마가 아이를 꾸중한 이유는 겸손하지 않고 너무 솔직하게 말해서, "고맙습니다"라고 말하지 않아서 꾸중한 것 같다.

우리가 알아야 할 것은 어린아이의 본성에는 겸손이란 개념이 없다는 것이다. 겸손이란, 교육에 의해 훈련된 후천적인 개념이다. 천진무구한 아이라면 생각나는 대로 솔직하게 말하는 것이 지극히 자연스러운 것이다. 지극히 정상적인 대답을 했을 뿐이다.

창의사회에서 겸손의 미덕을 강조하면 창의력이 억압된다. 겸손은 원만한 사회생활의 사교적 미덕이지, 창의적 활동영역의 미덕은 아니다. 창작의 영역에선 겸손이 유익하지 않다. 도리어 방해가 된다.

가끔씩 아이돌 가수들이 공연 전 무대 뒤에서 이렇게 외치는 장면을 본다.

"다 죽여 버리겠어! 아자, 아자!"

오버해서 자신감을 드러내는 것을 보면 '얼마나 불안하면 저렇게 스스로를 다잡을까' 하는 안쓰러운 마음이 든다. 자신감이 충만한 사람은 그렇게 외치지 않는다. 그렇게 크게 소리치지 않아도 충분히 자신감이 있기 때문이다.

한국 청년들, 왜 자신감이 없어 보일까?

외국인 교수들은 한국 청년들이 '유교적인 한국사회의 지나친 권위의식' 때문에 자신감이 부족하고 창의적이지 못하다고 지적한다. 기데온 로위 서울대 공예학부 초빙교수는 한 프로그램에서 이렇게 말한다.

"한국과 같이 유교적 사상이 지배하고 있는 사회는 새로운 사고를 한다는 개념 자체가 어렵습니다. 어린 학생들이 교수의 의견과 다르게 생각하는 것을 권위주의와 통제로 막고 있습니다. 그래서 이런 과정을 거친 젊은이가 창의적이 되기란 거의 불가능에 가깝습니다."

NH-CA 자산운용 CEO인 필립 페르슈롱Philip Percheron

도 《헤럴드 경제》에서 '한국 젊은이들은 면접에서 왜 대답을 머뭇거리죠?'란 제목의 칼럼에서 이런 문제를 지적한다.

한국에서 최고경영자CEO로 재직하면서 정기적으로 직원을 채용할 기회가 많았다. 서울에서 지낸 지난 7년간 국내 유수의 대학을 졸업하고 다양한 경력을 가진 지원자들을 많이 만나봤다. (……) 아마 문화 때문일 것이다. 한국이 속한 유교 사회에서 나이는 매우 중요하고 그에 대한 존중의식을 가지는 것이 더욱 중요하다. 면접을 볼 때 면접관이 자신보다 연배가 높고 그 사람의 생각을 모르고 있는 상황에서 개인적 의견을 피력하는 것은 매우 민감할 수 있다. 문제는 스스로 사고하고 자신의 의견을 밝히는 것이 혁신과 창의성에 필수 사항이라는 데 있다. 만일 자신보다 나이 많은 사람들의 의견에 연연한다면 자신만의 생각을 창조하기는 불가능할 것이다. 또 이 때문에 틀에 박힌 생각만 한다면 혁신적인 사람이 될 수 없다. 창의성과 혁신성은 대한민국 미래의 주춧돌이다. 기존의 것을 개선하는 것은 더 이상 전략이 아니다. 창조하고 발명하고 혁신적이어야 한다.[15]

한국 청년들의 '유교적인 연장자 존중의식' 때문에 외국인들에게 순종적인 태도로 보인다는 것은 심각한 문제다. 또한 이런 태도는 능동적인 문제해결력이 필요한 창의사회에는 굉장히 장애가 된다.

'연장자 존중'을 이유로 청년들의 의견이나 행동을 억누르는 전통적인 분위기는 창의사회에서 문제가 많다. 직장에서 겸손이나 예의를 강조하는 것이 창의성과 독창성을 억누르는 관습으로 악용된다는 것은 문제다. 사회는 창조경제시대로 변했는데, 여전히 겸손의 미덕 강조로 청년들의 창의성과 재능을 억압해서는 안 된다.

창작의 세계에서 겸손하라는 말은 '너의 능력을 눈치 보며 조심히 드러내어라'는 것과 같은 말이다. 그러면 어떻게 하란 말인가?

겸손 대신 자신감을 강조하라

'겸손' 대신 '자신감 강조'가 더 필요하다. 많은 창의고수들이 '자신감 결여'를 호소하기 때문이다.

영화감독 김지운 역시 자신감 결여를 고백한다. 그는 〈악마를 보았다〉, 〈좋은 놈, 나쁜 놈, 이상한 놈〉 등의 영화를 감독한 재능 있는 인재다. 최근에는 할리우드에 초청받아 아놀드 슈왈제네거가 주연한 〈라스트 스탠드〉의 메가폰을 잡아 세계적으로 흥행성을 인정받았다. 이렇게 왕성하게 활동하고 재능을 인정받는 그가 자신감이 부족하다고 말한다.

"저의 가장 큰 단점 중 하나는 자신감 결여인 것 같아요. 겸손처럼 들릴지 모르겠지만, 그게 아니거든요. 아마 저만큼 제가 하는 일이나 자기 작품에 대해서 부끄러워하는 사람도 많지는 않을 것 같아요."

사실 자신감 결여는 많은 창의적 직업에 종사하는 사람들의 공통된 반응이다. 그렇기 때문에 자신감을 강조할 필요가 있다. 안 그래도 불안하고 자신감이 부족한 사람들에게 겸손까지 강요하니 엎친 데 덮친 격이다.

왜 아티스트들은 자신감 부족을 느끼고 허세를 부릴까? 일종의 직업적인 생존전략이다. 아티스트들의 일상은 일종의 착각의 연속이다. 지금 내가 그린 이 그림이 곧 화랑 관계자들의 눈에 띄어 세계적인 유명작가 반열에 오를 것이란 자기최면을 걸면서 작가 활동을 계속한다. 내가 만든 영화가 흥행에 대박을 치고 각종 영화제에서 상을 휩쓸 것이라는 상상을 하면서 계속 영화를 만든다. 그런 불확실한 상황들이 그들을 불안하게 만드는 것이다.

열등감에 빠지는 것보다는 차라리 자신감을 키워주는 것이 낫다. 이런 불안한 심리상황에서 사회적인 규범의 잣대로 '겸손하라'고 이들을 억누른다면, 아티스트들을 더 주눅들게 만들고 열등감에 빠지게 만든다. 불안한 이들에게 필요한 건 강한 불굴의 자신감이다. 그래서 필요하면 허세라도 부려야 한다. 그것이 생존전략이다.

그래서 많은 창의고수들이 겸손보다는 자신감을 강조한다. 패션디자이너 이상봉도 "하나의 겸손이 미덕처럼 되는 것보다는 자기를 어떻게 자신감 있게 표현하는 것에 대한 훈련이 디자인하는 데 있어서 상당히 필요한 요소입니다"라며 자신감을 강조한다.

JYP 엔터테인먼트의 박진영 대표도 자신감을 무한히 드러낸다. 한 인터뷰에서 "언제 자신이 제일 좋으냐?"는 질문에 "내가 잘할 때가 제일 좋다"고 그는 말한다. 이런 태도는 겸손한 태도가 아니다.

또한 자신이 작곡한 노래의 첫 부분에 자신의 이니셜인 'JYP'를 밝히고 시작하게 한다. 그 어떤 작곡가도 이렇게 하지는 않는다. 자신의 재능과 능력을 숨기지 않고 공개하고 싶은 것이다. 이런 심리의 저변에는 불안감이 깔려있다고 봐야한다.

박진영의 이런 태도를 '거만한 놈'이라고 욕하는 대신 '셀프 자신감 강화' 행위로 해석해야 한다. 심리적으로 불안하기 때문에 이런 자신감을 보여서 스스로를 다독거리는 것으로 이해해야 한다.

위대한 창의고수들의 거만한 '셀프 자신감 강화' 에피소드에는 베토벤의 유명한 일화도 있다. 베토벤이 그의 연인 베티나에게 쓴 편지내용의 일부에 이런 내용이 있다.

어제 괴테와 함께 산책하다가 집에 돌아오는 길에 황실의 행렬이 지나갔다오. 우리는 멀리서 그 행렬이 다가오는 것을 보았는데 괴테는 내 곁에서 떠나 길가에 비켜서지 뭐겠소. 내가 말려도 그는 한 발짝도 움직이지 않았을 거요. …… 왕자와 중신들이 늘어선 가운데 황후께서 먼저 내게 인사를 건넸고, 그 다음에야 나는 루돌프 대공을 향해 모

자를 벗었소. 그들은 다 나를 알아보았소. 행렬이 괴테의
앞을 지날 때 그가 어떻게 하나 굉장히 궁금했지. 글쎄 그
는 길가에서 모자를 손에 들고 황송한 듯 몸을 굽히고 서
있지 않겠소. 나는 이 일로 그를 맹렬히 비난했소.[16]

편지에서 베토벤은 세계적인 위대한 문학가인 괴테를 맹
렬히 비난하고 있다.

왕실 행렬이 지나간 후에 괴테가 베토벤에게 왜 인사를
않느냐고 묻자 베토벤이 말했다.

"그들은 앞으로 잊혀질 사람들이지만, 우리는 역사에 남
을 사람들이다. 왜 내가 먼저 인사를 해야 하는가?"

하하하하하♪ 엄청난 자신감을 가진 예술가의 태도다. 괴
테가 보기에는 자만심이라 생각할 수 있겠지만, 베토벤에겐
그렇지 않았다. 아티스트에겐 확고한 자신감이 직업상 반드

시 필요한 덕목이다. 예술가에 있어서 겸손보다는 자신감이 더 필요하다고 볼 수 있다.

이런 베토벤의 초인적인 자신감과 제임스 카메론 감독의 그것은 같은 경지인 것 같다. 카메론 감독은 1997년 아카데미 시상식에서 〈타이타닉〉으로 작품상과 감독상 등 열한 개 부문을 싹쓸이 하면서, 트로피를 치켜들고 외쳤다.

"I'm king of the world!나는 세상의 왕이다!"

각종 언론들은 그의 오만한 수상소감에 비난 기사를 쏟아냈다. 하지만 나는 카메론 감독의 이런 태도를 충분히 이해하고 지지한다.

창의고수들에게 겸손을 요구한다는 것은 그의 재능을 억누르라고 요구하는 것이기 때문에 그의 행동 또한 '교만'이 아니라 '자신감'으로 봐야 한다.

다시 한 번 묻고 싶다. 〈아바타〉의 엄청난 성공 이후 아직도 그를 겸손하지 않는 '교만한 놈'으로 평가하는 사람들이 있을까?

최고의 겸손은 최고의 솔직함이다

숫자 1.5와 2가 있었다. 1.5는 자신이 0.5 적은 관계로 2를 형님으로 깍듯이 모셨다. 그런데 한동안 보이지 않던 1.5가 나타나서는 태도가 갑자기 변했다. 거만해진 태도로 2 앞에 나타난 것이다. 그래서 2는 화를 내며 말했다.

"1.5, 너 미친 거 아냐? 갑자기 왜 이렇게 거만해졌어!"

1.5가 어깨에 힘을 주면서 당당히 외친다.

"야! 2, 사태파악이 안 되는 모양인데, 나를 자세히 보란 말야. 나 점 뺏거든!"

1.5가 15가 되면 태도가 바뀌는 것은 자연스런 현상이다. 겸손의 미덕을 위해 자세를 낮춘다는 것은 자기 마음을 감추는 것이다. 과거 산업사회 조직생활에서는 능력이 있어도 자신을 낮추고, 좋은 아이디어가 있어도 숨기고 기회의 순서가 오기만을 기다리는 것이 미덕이었다.

하지만 이제는 아니다. 자기의 재능이 있으면 적극적으로 드러내고 표현해야 한다. 자신을 낮추고 숨기는 것이 더 이상 미덕이 아니다. 재능이 있으면 눈치 보지 말고 솔직하게 발휘하는 것이 창의사회의 미덕이다.

자신의 재능과 생각을 최대한 솔직한 느낌으로 표현하는 것이 창의고수 스타일이다. 동양 철학자들은 최고의 겸손은 최고의 솔직한 마음의 표현이라고 한다. 남들 앞에서 겸손하게 보이려고 낮추는 것은 진정한 겸손이 아니라고 한다. 예술 세계, 창의적 영역에서는 최고의 진솔한 태도와 심리상태를 표현하는 것이 낫다.

직장에서 창의고수가 되기 위한 자신감을 강조하려면 어떻게 해야 할까? CEO가 먼저 권위를 내려놓고 수평적인 리더십을 보여야 한다.

지나치게 존경심과 예의를 강조하는 회사일수록 창의성이 부족하다. 이런 직장 문화는 아이디어 회의에서 기발하고 창의적인 아이디어 소통의 통로를 가로막는다. 유능한 사원들에게 기발한 생각이 있어도 나서지 말라고 은연 중에 강요한다. 창의적인 직장 문화를 만들려면 회의에서 당당하게 의견을 밝힐 수 있는 분위기가 되어야 한다. 그것이 창조경제시대에 모두가 사는 길이다.

창의고수가 되고자 하는 직장인들에게 상사들은 이렇게 격려해야 한다.

"이 대리, 상사 눈치 보며 주저하거나, 예의 차린다고 입 다물고 있지 말고, 하고 싶은 의견 있으면 마음껏 말해봐요."

"김 대리, 실패해도 좋으니 자신감을 가지고 당신의 재능을 마음껏 발휘해봐요."

사랑에
선수가 되어라

'러브 스토리'하면 나는 두 사건이 생각난다. 하나는 '양말 사건'이고 다른 하나는 '눈물 사건'이다. 두 사건 모두 유학생 시절 이야기다.

먼저 '양말 사건'부터 이야기해보자. 미국 유학생 시절 나는 주말이면 아파트 지하에 있는 공동세탁실에 가서 세탁을 했다. 하루는 건조기에서 드라이한 세탁물들을 접어서 아내 것, 내 것, 아이 것으로 분류하여 캐비닛에 넣다가 특이한 것을 깨달았다.

당시 아내와 나는 남녀 구분 없이 양말을 공동으로 사용했는데, 아내가 세탁을 할 때는 상태가 양호한 양말들을 내 캐비닛에 넣어두고 대신 낡은 양말을 아내의 캐비닛에 둔다는 것을 발견했다. 그 순간 나는 숨이 턱 막히고, 가슴이 먹먹해지는 것을 느꼈다.

"이것이 사랑이구나……. 아내의 사랑이 이렇게 무언으로 표현되고 있었는데, 나는 깨닫지 못하고 있었구나……."

감동이 밀물처럼 밀려왔다. 내가 사랑받고 있음을 양말을 접으면서 깨달았다. 그리고 한참을 멍하니 그 자리에 앉아 있었다.

그날의 경험을 며칠 뒤 아내에게 얘기했더니 대수롭지 않게 여기며 그냥 넘어간다. '뭐야. 내가 너무 예민한 건가' 싶었다. 하지만 이후 다른 일에서 나는 더 큰 감동을 받았다.

두 번째 사건인 '눈물 사건'에서였다. 그날 아내의 눈물이 내 다리 위에 떨어졌다. 여름방학 때, 주류도매상에서 아르바이트를 하고 있었다. 오랜만에 하던 육체노동이라 여간 힘들지 않았다. 집에 돌아오면 녹초가 되어 바로 곯아 떨어졌다. 한참을 자고 있는데 내 다리에 물방울이 떨어지는 것을 느꼈다. 잠결에 보니, 아내가 내 다리를 마사지 하면서 울고 있었다. 눈물이 내 다리 위에 떨어지는 줄도 모르고 울고 있었다. 그날 나도 가슴 뜨겁게 울었다. 그렇게 난 비몽사몽 간에 아내의 사랑을 전달받았다.

이쯤 되면 사람들은 나를 닭살 커플이니, 애처가니 하며 통속적으로 생각하겠지만, 그렇게 놀려대도 좋다. 솔직히 난 그렇게 아내와 사랑을 주고받으며 살고 있다. 그런데 이런 이야기를 내 친구들과 아줌마들에게 하면 다들 내가 사춘기소녀처럼 사랑에 민감하게 반응한다고 한다.

당연한 것이 아닌가? 예술가는 감수성이 예민하고 풍부한 직업이다. 나는 모든 아티스트들이 나처럼 사랑의 선수이자 연애고수라고 생각한다. 실제로 창의적인 일에 종사하는 사람들이 연애고수들이 많다. 만약 여러분들이 창의고수가 되려면 먼저 연애고수가 되어야 한다.

그렇다면 지금부터 창의고수들의 전설적인 사랑들이 어떻게 그들의 창작물에 영감을 주었는지 알아보자.

연인들에게서 영감을 받다

슈퍼창의고수 패션디자이너 샤넬Gabrielle Chanel의 러브스토리 또한 그녀의 재능만큼이나 화려한 국가대표 선수급이다. 샤넬의 전기를 읽어보면 그녀의 남자들은 영감의 원천이 되었을 뿐만 아니라 그녀의 커리어에 엄청난 영향을 끼쳤다는 것이 발견된다.

그녀의 남자들은 모두가 샤넬 신화 창조의 파트너였다. 귀족 출신인 에티엔 발장으로 인해 자신의 재능을 발견하고 상류사회로 진출하는 데 도움이 되었고, 영국 출신의 성공한 사업가 카펠은 '샤넬모드'라는 여성용 모자 가게를 열 수 있도록 후원했고, 러시아의 파블로비치 대공은 샤넬에게 향수 제조가 어니스트 보를 소개해줌으로써 '샤넬 No.5'가 탄생하였고, 영국의 대부호이자 처칠의 친구인 웨스트 민스터 공작을 만나면서 영국식 금단추를 디자인에 활용하였고, 그와 함께 한 스코틀랜드 여행에서 영감을 받아 트위드 소재의 샤넬 재킷을 탄생시켰다. 그 외에 프랑스 초현실주의 시인 피에르 르베르디, 작곡가 이고르 스트라빈스키 등이 그녀의 연인들이었다.

하지만 그녀에게 불행을 가져온 치명적인 사랑이 문제였다. 나치 장교인 한스 귄터 폰딩클라게와의 사랑이 그것이

샤넬, 그녀의 수많은
연인 덕분에 세계적인
패션작품들이 나올 수
있었다

다. 그는 13세 연하였고(그 당시 샤넬은 57세, 독일장교는
44세), 2차대전 파리가 독일 점령 하에 있었으니 생존 차원
에서 그럴 수도 있겠다 싶지만 프랑스 국민들은 그렇게 생각
하지 않았다.

전쟁이 끝나자 프랑스 국민들은 샤넬을 '적과의 동침'을
이유로 맹렬히 비난했고 그녀는 눈물을 머금고 조국을 떠나
야 했다. 스위스 망명생활은 장장 15년간 이어졌다. 한 번의
사랑의 결과치곤 너무나 가혹했다. 그래서 카사노바가 이런
말을 했던 걸까?

"사랑은 하는 것보다, 상대를 고르는 것이 더 어렵다."

만약 샤넬에게 수많은 연인들이 없었다면 지금처럼 최고
의 패션디자이너가 되지 못했을 것이며, '샤넬 No.5' 향수나

'트위드 재킷' 같이 전 세계 여성들이 영광하는 샤넬의 패션 작품들이 세상에 나오지 못했을 것이다.

샤넬을 만든 것은 그녀와 사랑을 나눈 남자들이었다 해도 지나친 말은 아니다.[17]

위험한 사랑을 하라

에릭 클립튼Eric Clapton, 세계 3대 기타리스트 중에 한 명인 그도 사랑하는 연인에게서 영감을 받아 위대한 음악들을 작곡했다.

1975년 에릭 클립튼은 패티 보이드와 결혼하게 되는데, 그녀는 바로 에릭 클립튼의 베스트 프렌드이며 비틀즈의 멤버였던 조지 해리슨의 아내였다. 10여년 가까이 계속된 에릭 클립튼의 애정공세에 마침내 그녀는 전 남편인 조지 해리슨과 이혼하고 그와 다시 결혼했다.

참 전설적인 러브스토리다. 베스트 프렌드의 아내를 몰래 10년 동안 짝사랑했던 에릭 클립튼은 그녀의 마음을 얻으려고 많은 사랑의 세레나데를 작곡했다. 「레일라」는 패티를 향한 그의 마음을 표현한 곡이며, 「벨 바텀」과 「아이 룩 어웨이」도 재킷 그림에서부터 수록된 곡까지 온통 그녀를 향한 사랑의 애절함이 담겨있다. 결혼 뒤에도 파티에 가기 위해 차 안에서 그녀를 기다리는 사랑의 마음을 담은 곡을 작곡했는데 그것이 바로 「원더풀 투나잇」이다.

만약 에릭 클립튼이 그녀를 사랑하지 않았다면? 앞서 말한 명곡들은 모두 세상에 나오지 못했을 것이다. 열정적인 사랑의 감정은 위대한 예술작품들을 만들어내는 원천이 되었다.

그리고 전 남편이었던 조지 해리슨은 이 둘의 결혼식에 참석하여 축가를 부름으로서 두 사람의 결혼을 축하해주었다. 하여튼 멋있는 놈들은 뭐가 달라도 다르다.[18]

여자란 욕망의
도구이자,
작품의 소재이다

그런가 하면 아티스트 중에는 공개적으로 수많은 여성들과 연애를 즐기는 창의고수도 있다. 일본 출신 누드 사진작가인 아라키 노부요시Araki Nobuyoshi가 그렇다. 아라키는 1970년 대부터 20여 년 동안 그의 부인 요코를 모델로 섹시한 누드 사진을 찍고 사진집들을 발간했다. 1990년, 그의 부인이 죽자 다른 여성 모델을 성적인 관점으로 포착하는 데 탁월한

여성 모델을 성적인 관점으로 포착하는 탁월한 능력으로 성공한 아라키 노부요시

재능을 인정받으며 150여 권이 넘는 누드사진집을 발간했고 지금도 꾸준히 작업을 이어가고 있다.

그는 이렇게 말한다.

"여자가 좋다. 실은 여자보다 카메라를 더 좋아하는데 여자들한텐 그렇게 말 안한다. 난 사진을 찍기 위해 여자들한테 한 번도 돈을 줘본 적이 없다. 나한테 여성 학대라고 욕하는 사람들이 있는데 그건 모르고 하는 소리다. 나와 모델들은 언제나 연인관계에 있다. 그건 사랑이고 에로스이지 결코 테러가 아니다. 내 사진에는 나의 욕정, 상대의 욕정이 드러난다."

그러니까 1990년 이후의 작품에 등장하는 모델들은 아라키와 직·간접적으로 연인 관계였음을 암시하고 있다. 모델들에게 모델비를 주지 않는다는 것은 모델들과 사적인 관계임을 암시하는 것이다. 아라키에게 있어 여성은 개인적 욕망의 도구이자, 직업적인 작품의 소재이기도 한 것이다.

**연애고수가
창의고수다**

그런데 아티스트가 이성과의 연애경험이 부족하면 어떤 일이 생길까? 미켈란젤로Michelangelo Buonarroti, 르네상스 3대 천재 중 한 명인 그는 여자와의 연애경험이 부족했다. 그가 로마의 시스틴 예배실 천장에 그린 〈천지창조〉 벽화 속 여성들은 하나같이 프로레슬러 같은 근육질 남성의 육체로 묘사되고 있다. 미켈란젤로가 그린 남성적인 여성의 신체 묘사는 일반인이 한눈에 봐도 알 수 있고, 미술사학자들도 공통적으로 의문을 제기한다. 아름다운 곡선을 지닌 여성을 몸이 왜 이 모양으로 그렸을까? 그에게 무슨 문제가 있는 걸까?

미켈란젤로는 여자의 몸을 자세히 본적이 없었던 것 같다. 그는 동성애자로 알려져 있으며 생전에 결혼을 한 번도 하지 않았다. 만약 그가 여성과 사랑을 즐겨 했다면 〈천지창조〉 중 '금단의 열매'에 그려진 이브의 다리와 가슴을 그렇게 근육질 프로레슬러처럼 묘사하지는 않았을 것이다.

하지만 동시대에 활동했던 라파엘로Raffaello Sanzio는 달랐다. 그가 그린 〈라 포르나리나, 혹은 젊은 여인의 초상화〉 작품을 보면 아름다운 가슴을 가진 여성이 무척이나 사랑스럽게 표현되어 있다. 특히 왼팔 상단에 라파엘 '우르비노

미켈란젤로
〈천지창조〉 중
'금단의 열매'
1508-1512

라파엘로
〈라 포르나리나, 혹은
젊은 여인의 초상화 〉
1518-1519

의 아파엘로'라고 적혀 있는 띠를 두르고 있는데 미술사학
자들은 그녀가 라파엘로의 숨겨진 연인 중 한 명이었다고
추측한다. 기록에 의하면 라파엘로는 수많은 여인들과 사랑
에 빠졌고 그의 죽음도 지나친 사랑의 후유증으로 병을 얻
어 죽었다고 알려지고 있다. 라파엘로는 뛰어난 연애고수였
던 것이다.

결과적으로 연애하수 미켈란젤로가 묘사한 여성은 우락
부락 남성의 몸에 여성의 얼굴만 붙여놓은 듯이 딱딱하지
만, 연애고수 라파엘로가 그린 여성은 애정과 사랑이 가득
넘치는 매력적인 여성으로 묘사되고 있다. 창의적인 분야에
종사한 사람이 사랑의 경험이 부족할 때는 이렇게 직접적인
문제점이 발생한다.

창의력이 필요한 직장인들도 예외가 아니다. 사랑이나 연

애경험이 부족한 사원들에게는 많은 문제점들이 발생한다. 특히 감수성이 예민한 창의적인 작업일수록 더욱 그렇다.

창의고수들이 섹스파트너도 많다

난 창의고수들은 하나같이 '연애고수'라고 생각한다. 외모가 뛰어나서가 아니라 생각과 행동이 매력적이어서 그렇다. 항상 새롭고 재미있는 것을 찾아 인생을 즐기기 때문에 당연히 매력적인 라이프스타일을 가지게 된다. 매력적인 인생을 추구하니 당연히 이성의 관심과 사랑을 집중적으로 받게 된다. 그래서 '사랑에 빠지면 모두가 시인이 된다'라는 명언이 있지 않은가?

실제로 사랑에 빠지면 모두가 창의적으로 변한다는 연구결과가 있다. 2007년, 스위스 바젤 대학병원 서지 브랜드와 동료들은 18세 청소년 113명을 인터뷰했다. 그들 중 65명이 최근 사랑에 빠졌다고 대답했다. 그들은 다른 아이들보다 덜 자고 더 충동적이며 "엉뚱한 생각과 창조적 에너지가 더욱 풍부했다"고 보고했다.

창의적일수록 더 많은 섹스파트너를 가질 가능성이 높다는 연구결과도 있다. 2005년, 영국 뉴캐슬 대학의 대니얼 네틀 교수 연구진은 유명한 예술가, 시인, 정신분열증 환자 등 남녀 425명의 18세 이후 성생활을 조사한 결과 이런 결론을 얻었다고 《영국 과학원 회보PRSB》에 실린 논문을 BBC 인터넷 판이 보도했다. 예술가와 시인들은 평균 4~10명의 섹스파트너를 가진 반면 일반인들은 평균 3명의 섹스 파트너를 가졌다고 주장한다. 창의적인 사람들이 일반인보다 2-3배 정도의 섹스파트너가 더 많은 셈이다. 크리에이티브 피플들이 매력지수가 높으니 당연한 결과다. 만약 여러분들 중에 '모태솔로'가 있다면 여러분의 외모 때문이 아니라 창의력이 부족해서 애인이 없을 가능성이 많다.

창의고수가
되려면
사랑을 하라

한번은 수업에서 한 남학생에게 학기가 끝날 때까지 여자친구를 사귀면 A+를 준다고 말했다. 학기말이 되자 그 남학생은 노력했지만 쉬운 일이 아니라 실패했다고 말한다. 이 남학생에게는 연애가 내 수업에서 A+ 받는 것보다 더 어려웠던 것 같다. 당연하다. 내 수업에는 교재가 있고 공부의 방법이 정해져 있지만, 애인구하기는 교재와 방법이 없어서 창의적 응용력과 재능이 절대적으로 필요하기 때문이다.

나는 자칭 '연애 장려 교수'라고 학생들에게 소개한다. 학생들에게 기회가 있을 때마다 피하지 말고 연애하라고 한다. 왜냐하면 한 사람과 사랑에 빠진다는 것은 하나의 '소우주'를 경험하는 것이다. 상대방이 경험해온 '작은 우주'를 직·간접으로 경험할 수 있는 최선의 기회가 연애다. 상대방의 개인적인 관심사, 좋아하는 음악, 가족관계와 스토리, 과거 연애사 등등 짧은 시간에 한 인간에 대한 모든 것을 압축적으로 경험할 수 있는 기회가 연애경험이다.

최고의 인생 공부가 연애경험이다. 인간을 이해하고 인간의 감성을 최대한 업그레이드 시키는 최상의 기회다. 서로의 생각을 주고받고, 감정을 조율하고, 양보하고, 주장하며, 때로는 싸우면서 소통의 기술을 극대화시키는 학습의 기회이지 않은가? 이런 이유로 학생들에게 연애를 장려한다. 특히 예술전공 학생들에게는 더욱 장려한다.

직장에서도 사랑을 장려해야 한다. 사랑을 한번 경험하면 '창의력 1급 기사 자격증'을 따는 것과 같은 것이다. 창의적인 직장 분위기를 만들려면 직원들의 연애를 장려해야 한다. 특히 창의력이 필요한 부서일수록 연애를 장려해야 한다. 사랑의 경험으로 인해 잃을 것은 아무것도 없다. 이별해도 남는 것이 많다. 여러분의 인생을 풍부하고 경이로운 세상으로 인도해줄 것이다. 이유 없이 사랑하라. 자유로운 영혼을 가진 아티스트처럼 무조건 사랑해야 한다.

결론적으로 말하자면 연애고수가 창의고수 스타일이다. '사랑은 예술가의 창조적 힘을 일깨우는 근원'이며, 즉 창의고수가 되고자 한다면 연애고수가 되어야 한다. 여러분들이 창의고수가 되려면 가능한 모든 수단과 방법을 동원해서 많은 사랑을 경험해야 한다. 그 사랑의 경험이 여러분을 창의고수로 키워줄 것이다.

이 책이 '사랑학 개론'은 아니지만 '창의고수 스타일 사랑법'에 대해 몇 가지 소개해보려 한다. 먼저 주체적으로 사랑하기를 권한다. 사랑하는 사람이 있으면 기다리지 말고 먼저 다가가서 고백하라. 여자라고 망설이지 마라. 선택받는 사랑보다는 선택하는 사랑이 창의고수 사랑법이다. 후회하는 자들은 항상 기다리는 자들이다.

두 번째로는 무조건 고백하라. 사랑이 이루어지면 좋을 것이고, 이루어지지 않아도 후회가 남지 않아서 이익이다. 여러분이 창의고수 지망생이라면 일반인보다 2-3배의 연애 경험이 많은 게 정상이라 생각하라. 사랑은 많이 하는 것이 좋다. 사랑의 고백으로 벌금이나 유치장에 가는 일은 없을 것이다. 그 일로 손해 보는 것은 아무것도 없다.

마지막으로 시도 때도 없이 사랑을 표현하라. 창의고수들은 사랑표현의 고수들이다. 사랑하는 애인이나 부모님, 친구에게 지금 당장 여러분의 감정과 마음 상태를 최대한 표현하라. 밤 12시가 넘었더라도 주저하지 말고 전화해서 사랑한다고 표현하라. 사람이 많이 있는 장소라도 망설이지 말고 다정하게 키스하라. 사랑표현은 최대한 많이 하는 것이 좋다.

creative
Master Style
05

고독과 외로움을 즐겨라

직장 생활하는 내 고등학교 친구 놈은 요즘 종종 전화를 걸어와 외로워 죽겠다며 2시간 넘도록 하소연을 한다. 집에서는 아들 딸들이 다 컸다고 자기와 상대해주지 않고, 아내는 동네아줌마들이 더 좋은지 자기랑 외출하기를 싫어하고, 직장에서는 부하직원들이 자기 눈치만 보며 슬슬 피해 다니고, 나이 들수록 마음 맞는 친구는 적다며 넋두리를 늘어놓는다. 인생이 외롭고 허무하다고 한다.

전화를 끊고 나서 내가 외로운지 곰곰이 생각해봤다. 글쎄다. 기러기 아빠라서 가끔은 외롭다고 느끼지만 죽고 싶을 정도는 아니다. 차라리 시끌벅적한 단체생활이 더 싫다. 체질인가 보다. 나만 그런 것이 아니다. 대부분의 창의고수들은 단체생활보다 혼자 있는 것을 좋아한다.

보통 사람들은 일반적으로 혼자 있는 것을 싫어한다. 어디를 가던 친구들과 같이 가는 것을 좋아한다. 심지어 한국 여자들은 화장실 갈 때에도 친구들을 데리고 같이 갈 정도로 혼자 있는 것을 싫어한다. 양떼처럼 우르르 몰려다닌다. 나이 들수록 더 몰려다니려 한다.

카스파르 프리드리히
〈바닷가의 수도사〉
1808-1809
—
고독과 외로움을
상징하는 대표적인
작품이다

하지만 창의고수들은 몰려다니는 것을 싫어하는 것을 넘어서 혐오한다. 외로운 킬로만자로 표범처럼 혼자 다니는 것을 좋아한다. 쇼핑도 혼자 하고, 영화도 혼자 보고, 식당도 혼자 가고, 여행도 혼자 가는 것을 좋아한다. 심지어 내가 아는 선배 부부는 결혼해도 부부가 따로 영화 보고 따로 여행 다닌다. 배우자와 같이 여행을 가면 즐겁겠지만, 선택권이 있다면 방해받지 않고 혼자 가는 것을 더 선호한다.

고독과 외로움은 다르다. 고독은 자의에 의해 혼자 있는 것이고, 외로움은 타의에 의해, 왕따 당해서 혼자 있는 것이다. 그래서 외로움은 고통이 따르지만 고독은 즐거움을 동반한다. 혼자 다니는 것이 즐거움이요, 행복하게 여겨지면 고독이고, 이런 고독을 즐기는 것이 창의고수 스타일이다.

창의고수인 모차르트, 칼 라거펠트, 김태호 PD의 공통점은 무엇일까? 이들 역시 모두 혼자 있는 것을 좋아한다.

모차르트Wolfgang Amadeus Mozart는 "나는 철저히 홀로 있을 때 기분이 좋다. 혼자 마차를 타고 가거나 멋진 만찬을 즐기고 나서 산책을 나가거나 밤잠을 이루지 못하고 뒤척일 때 바로 이럴 때 내 마음 속의 창의성이 한꺼번에 솟구쳐 오른다"라고 말한다.[19]

패션디자이너 칼 라거펠트Karl Lagerfeld, 그도 혼자 있는 것을 좋아한다.

"사실 나의 집은 두 군데로 나뉘어 있다. …… 아무리 장소가 넓다고 하더라도, 나는 혼자이고 싶다. 내가 무언가를 원할 때는 그들에게 전화를 걸고, 그들은 바로 이웃집에 있기 때문에 이곳으로 온다."[20]

'무한도전' 김태호 PD도 혼자 다니는 것을 좋아한다고 한다.

"결혼 전에는 일주일 중 하루는 아무와도 연락 안하고 혼자 있는 시간을 스스로 줬어요. 공상을 하면서 명동, 홍대, 이대, 압구정 등지를 돌아다니다가 차 마시며 끄적거리면 스트레스가 풀려요."[21]

창의고수, 고독을 즐기다

혼자 있는 것이 죽고 싶을 정도로 힘들면 체질적으로 창의고수가 되기 힘든 성향의 소유자다. 아티스트들은 평소에 혼자 있는 시간이 대부분이다. 화가, 소설가, 작곡가 등의 직업은 대부분의 일생을 작업실에서 혼자서 보낸다. 물론 영화 제작이나 디자인같이 팀으로 창작하는 분야도 있지만, 개별적으로 물어보면 이구동성으로 혼자 있는 고독을 더 좋아한다.

고독을 즐기는 삶, 그것이 일반인과 다른 창의고수들의 라이프스타일이다. 세상에는 혼자 있고 싶어도 그럴 수 없는 사람들이 너무도 많다. 이유는 다양하다. 돈이 많아도 못 하고, 명예가 높아도 못 하고, 시간이 많아도 못 한다. 다양한 이유로 혼자의 시간을 즐기지 못 하는 사람들이 참 많다. 그렇게 어려운 일을 내가 마음껏 충분히 즐긴다고 생각하니 혼자 있는 것이 값지다는 생각이 들었다.

중국의 고대 화가들 또한 고독을 즐겼다. 10세기 북송시대에 활동한 화가 고극명高克明은 고독을 무척 즐긴 사람이었다. 그는 인적이 드문 황량한 곳을 며칠씩 배회하면서 산과 숲의 아름다움에 취해서 어쩔 줄 몰랐다고 한다. 집에 돌아와서는 문을 잠그고 고요한 방 안에 틀어박혀서 세상사의 번잡함을 멀리하며 명상에 잠겼다. 그리고 나서야 붓을 들어 그림을 그렸다고 한다.

5세기 송·명대에 활동한 화가 고준지顧駿之도 고독을 좋아했다. 그는 집 안에다 2층 누각을 짓고 2층에 화실을 꾸몄다. 그는 2층에 올라가서는 곧바로 사다리를 치워 버리는데, 그리고 나면 아내와 아이들은 당분간 그를 볼 생각을 하지 말아야 했다. 바깥 사회와 단절된 공간에서 고독을 즐겼던

것이다.[22]

마이클 잭슨Michael Jackson, 무대 위에서는 특유의 카리스마로 관객을 사로잡는 그였지만 일상에서 그는 몹시 외로워서 고통스러워했다. 집을 떠난 형들처럼 독립하지 않느냐는 기자의 질문에 이렇게 말한다.

"차라리 죽는 게 나아요. 너무 외로울 거예요. 심지어 집에 있을 때도 저는 외롭거든요. 어떤 때는 방에 앉아서 그냥 울기도 해요. 친구를 만들기도 쉽지 않고, 부모님이나 가족들에게 말할 수 없는 일들도 있잖아요. 그래서 어떤 때는 밤에 이야기 상대를 찾으려고 동네를 돌아다니기도 해요. 하지만 결국은 아무도 못 만나고 집으로 돌아오죠."[23]

철저히
외로워져라

한국 직장인들을 보면 '나 홀로 장애자'가 많다. 의외로 혼자 다니는 것을 힘들어하는 직장인들이 많다. 혼자 식당가서 밥 먹는 것, 혼자 여행가는 것, 혼자 영화보는 것을 전쟁터에 가는 것처럼 스트레스를 받으며 힘들어 한다. 단체생활에 익숙해서 그런 것 같다.

아티스트처럼 고독과 외로움을 오랫동안 경험한 사람은 개성이 강하고 내면이 강해진다. 독창적인 취향은 더 굳어지면서 남들과 더욱 구별되어 간다. 반면 조직사회에 오랫동안 노출된 사람은 개성이 없고 평범한 사람이 되어간다. 그래서 일반적으로 군인이나 경찰, 공무원처럼 단체생활을 하는 사람들이 창의성이 부족한 경향이 많다. 한국의 직장인들이 창의성이 부족한 것은 지나친 '조직생활의 팀워크'을 강조하는 직장 분위기에도 문제가 있다. 과거 산업사회의 습관적 행동이 지금도 많이 남아있다.

사실 창의적인 직업에 종사하는 고수들은 본인의 의지와 상관없이 고독하게 되어간다. 직업병처럼 환경이 그들을 그렇게 만든다. 평소 생활이 끊임없이 남다른 감수성과 감각을 연마하고 달라지려고 노력한 결과, 이런 '남다름'이 원만한 인간관계를 가로막아서 쓸쓸해지게 된다.

리처드 플로리다Richard Florida는『창조적 변화를 주도하는 사람들』에서 "예나 지금이나 크리에이티브 피플들은 늘 홀로 머물며 창작할 수 있는 공간을 찾아 헤맨다. 더욱이 완전히 몰입을 해야 하는 창조적 일의 속성 때문에 과거의 많은 위대한 사상가들은 '친밀한 유대를 맺지 않은' 사람들이었다. 그들은 많은 친구들과 지인들이 있었지만 친한 친구는 거의 없었고 종종 배우자나 아이들이 없는 경우가 많았다"고 말한다.

그래서 창의적인 직업을 가진 사람들은 일반적으로 친구가 없다. 유명해서 그를 알아보는 사람은 많지만, 독창적인 사고와 생각을 함께 나눌 친구를 찾기가 힘들다. 말이 통하는 친구를 찾았다면 그는 정말 행운아다. 독창성을 좋아하다보니 친구가 없어지고, 친구가 없으니 외로워지고, 악순환은 계속된다. 그런 이유로 소설가 김훈은 불평한다.

"친구가 없어요. 또래 친구들은 나를 좋아하지 않아요. 다 열 살 아래죠. 우리 마누라도 이상하대요. 그런데 쉰다섯 먹은 사내 새끼들이라는 것은 대부분 썩고 부패해 있거나, 일상에 매몰된 아주 진부한 놈들이거든요. 그래서 상대할 수가 없어요. 그럼 내가 젊은 놈들하고 통하나? 그렇지도 않아요. 난 사실 20대도 싫어요."[24]

창의적인 분야에서 같은 사고 같은 행동은 집단자살로 여긴다. 창의고수가 되려면 철저히 외로워져야 하고 고독을 즐기며 홀로서야 한다.

직장인 여러분들이 창의고수가 되기를 희망한다면 기존의 집단생활 대신 고독을 즐길 줄 알아야 한다.

06 죽음의 유혹에서
살아남아라

미술대학에는 자살하는 학생들이 다른 전공 대학생보다 많은 편이다. 내가 대학생이었을 때에도 동양화과의 한 여학생이 겨울방학을 지나고 돌아왔더니 자살했다는 이야기를 들었다. 심한 우울증을 앓고 있었다고 했다.

미국에서 유학할 때에도 동기생 중에 한 남학생이 마약중독으로 사망했다. 당시 펜실베니아 미술대학원에서 공부하고 있었는데 동기생들 중에는 알코올중독이나 마약중독으로 휴학하거나 학교를 그만둔 학생들이 자주 있었다.

왜 이렇게 예술계의 아티스트들이 다른 직업인에 비해 알코올중독과 마약중독이나 자살률이 높을까? 왜 미술작가, 음악가, 소설가, 연예인이나 가수, 영화배우, 디자이너 등이 일반 은행원이나 공무원보다 마약중독이나 자살률이 높을까? 왜 창의고수들은 자살을 많이 할까?

고흐뿐 아니라 많은 아티스트들이 자살이나 마약과 술로 생을 마감했다. 블랙 피카소라 불리었던 장 미셸 바스키아도 마약과다복용으로 사망했고, 화가 마크 로스코도 자살로 생을 마감했고, 폴 고갱도 자살을 시도한 후 그 후유

증으로 사망했고, 소설가인 어니스트 헤밍웨이, 버지니아 울프 등도 자살했다. 영국 출신 대중가수 앨튼 존도 "이미 자신의 삶을 통제할 수 없게 되었으며 자살을 시도하기도 했다"고 고백했었다.

이들의 자살 원인은 창의력 과다사용에 의한 정신적 부작용이라고 전문가들은 말한다. 창의적 영감은 선택된 소수들에게만 선물처럼 주어진다. 신으로부터 선물 받은 엄청난 재능을 무상으로 받은 댓가를 반드시 치러야한다고 한다. 기발한 아이디어나 영감은 인간의 의지대로 원한다고 받는 것이 아니라 선물처럼 찾아오는 것이기에, 아티스트들은 죽음보다 더 깊은 절망을 경험한다. 그리고 그 불안과 절망들이 되돌릴 수 없는 치명적인 선택을 하게 만드는 것이다.

아티스트들은 정신병과 마약중독에 걸릴 확률이 높다는 연구결과가 있다. 케이 레드필드 재미슨은 각 분야의 저명한 시인, 작가, 화가 50명을 조사하여 실험을 했다. 그 결과 참여자의 38%가 정서질환 치료받은 적이 있으며, 29%가 항 우울제를 복용했거나 우울증 치료를 받은 적이 있고, 55%의 시인 그룹이 정서관련 질환을 앓았다고 했다. 소설가, 화가의 경우는 20%가 정서관련 질환을 앓았다고 답했다. 일반인은 6%가 평균이다.[25]

아놀드 루드비히 또한 2,000명 이상의 유명인사와 창조적 인물을 대상으로 행한 연구에서도 비슷한 결론을 얘기한다.

"창조적 그룹의 구성원은 일반인보다 더 많은 정서적 문제를 가지고 있었다. 시인은 87%의 정서적 문제를 가지고 있었고 조형미술가의 경우는 73%가 정서적 문제를 가지고 있었다."[26]

그러므로 아티스트들의 창의력 과다사용은 여러 종류의 부작용을 동반한다. 여러 종류의 정서질환과 우울증, 자살 충동, 알코올 또는 약물중독들이 그것들이다. 이런 부작용을 현명하게 대처해야 한다.

그렇다면 창의력 과다사용의 희생자들에 대해 알아보자.

자살로 생을 마감한 고흐

〈까마귀가 있는 밀밭〉은 고흐Vincent van Gogh가 자살하기 19일 전인 1890년 7월 10일에 완성한 작품이다. 까마귀 사냥용 리볼버 권총을 들고 나간 고흐는 자신의 배를 쏜 뒤

빈센트 반 고흐
〈까마귀가 있는 밀밭〉
1890

피를 흘리며 방으로 돌아왔다. 그리고 이틀 뒤 숨을 거두었다. 그는 37세의 젊은 나이에 자살로 마감했다. 그가 숨을 헐떡이고 죽어갈 때 이 작품이 벽에 걸려있었다. 그의 마지막 작품이었다. 그의 마지막 편지에는 이렇게 적혀있다.

그래서 내 그림들, 그것을 위해서 난 내 생명을 걸었다.
그로인해 내 이성은 반쯤 망가져버렸지······.

**알콜 중독자
잭슨 폴락**

미국 추상표현주의 대표 작가였던 잭슨 폴락Jackson Pollock 은 알코올 중독자였으며 결국 음주운전으로 사망했다.

폴락의 술주정은 악명이 높았다. 술주정이 어찌나 고약했던지, 모르는 사람과 주먹질을 하거나, 도끼로 남의 작품을 망쳐놓거나, 성추행을 서슴지 않는가하면, 차도로 뛰어들어 달려오는 차를 가로막는 것은 예사였다.

한번은 술에 취해 파티 장에 들어가 벽난로에 오줌을 갈긴 일도 있었다. 1943년, 폴락은 페기 구겐하임 갤러리에서 개인전을 열고나서, 페기 구겐하임을 위해 가로 6m, 세로 2.4m 대형벽화를 완성해야만 했다. 한 달간 망설이다 마감 전날 해질 녘에 그림을 그리기 시작한 폴락은 15시간 동안 쉬지 않고 작업을 해서 완성했다. 완성된 그림을 들고 그녀의 아파트에 도착했지만 그림이 벽보다 20cm 더 길다는 것을 발견했다. 그림은 폴락과 상의 없이 밑 부분이 20cm

정도가 잘려서 벽에 설치되었다(폴락은 술독에 빠져서 연락이 두절되었다). 그 사실을 뒤늦게 안 폴락은 파티가 한창 진행되고 있는 그녀의 아파트로 뛰어 들어가 비틀거리며 벽난로에다가 오줌을 갈겼다. 당연히 파티장은 아수라장이 되었다.

폴락의 술주정과 자기파괴는 계속되었다. 개인전 이후 폴락은 명성을 얻으면서 1951년 겨울이 되자 끊었던 술을 다시 마시기 시작했다. 술에 취해서 자살을 시도하거나 그의 아내인 리 크래스너를 죽이겠다며 협박하고 거의 매일 폭력을 행사했다. 마침내 클레그먼이라는 여자와 불륜을 시작하자 이를 견디다 못한 그의 아내 크래스너는 집을 나갔다.

하루는 폴락이 여자 둘(클레그먼과 그녀의 여자친구)을 태우고 뉴욕으로 외출을 나갔다. 그리고 돌아오는 길에 만취한 폴락은 과속으로 운전했고, 롱아일랜드의 급커브 길에서 그만 가로수를 들이받았다. 그 사고로 폴락과 그녀의 여자 친구는 현장에서 즉사했고 클리그먼만 살아남았다. 전문가들은 폴락이 자살하려고 고의로 음주운전을 했다고 말한다.

창의적 재능을 선물 받은 폴락은 알코올에 희생당했다. 이런 이유 때문에 신은 아무에게나 재능을 선물하지 않는지 모른다. 창의적 재능은 감당할 만한 정신적 능력과 그릇이 된 사람에게는 축복이지만 그렇지 못한 사람에게는 재앙이 될 수 있다. 잭슨 폴락은 창의력의 부작용을 이겨내지 못하고 희생당한 것이다.

마약 중독자
찰리 파커
재즈 뮤지션 찰리 파커Charlie Parker는 마약중독으로 생을 마감했다. 1940년대 재즈 연주의 새로운 혁명인 '비밥Bebop'의 개척자로 알려졌던 천재적인 재즈 연주자였지만, 일생동안 마약중독과 술에 빠져서 허우적거렸고, 정신분열 증세까지 겹쳐 몇 차례나 정신병원에 강제로 수용되었다.

찰리파커는 1945년부터 '비밥'이라 불리는 연주를 주도할 당시에는 비평가들에게 인정받지 못했다. 기존의 연주방식과 다른 새로운 재즈연주란 점에서 반대 세력이 생겨났고, 이런 점이 그를 힘들게 했고 더욱 마약에 빠져들게 했다.

1952년, 캐나다 토론토의 '메시홀'에서 펼쳤던 공연 도중 딸이 폐렴으로 사망했다는 소식을 듣게 되자 파커는 재기의 의욕을 잃게 되었고, 의사의 진료를 거부한 채 요오드를

마시고 자살을 기도하기도 했다.

그의 마지막 무대는 1955년 3월 4일과 5일 이틀 동안, 자신의 별명을 딴 클럽 '버드 랜드'에서 였다. 그는 1955년 5월 12일 어느 남작부인의 집에 치료차 방문했고, 그 집 거실에서 TV를 보다가 소파에 앉은 채로 조용히 잠자듯이 사망했다. 사망원인은 금단현상에 의한 급성폐렴, 궤양, 심장마비 등이었다. 실제 나이는 34세였지만 사망진단서에서는 50세의 몸으로 기록될 정도로 마약과 술이 그의 몸을 망쳐놓았던 것이다.[27]

우울증 희생자 슈만

천재 작곡가 슈만Robert Alexander Schumann은 우울증의 희생자였다. 1840년 한 해 동안 그는 폭풍과도 같은 영감을 받아 무려 130곡의 가곡을 작곡했다. 평균 사흘에 한 곡씩

우울증 환자였던 슈만과
그의 형수 클라라 슈만

썼다는 계산이 나온다.

그러나 슈만은 우울증에 시달려 서서히 미쳐가고 있었다. "내 마음과 영혼에 어떤 넘치는 생명력이 있어 그것이 나를 둘러싼 수천 개의 샘에서 끝없이 용솟음치는 것만 같다."

23세에 정신적으로 의지하던 형수마저 죽자 심각한 신경쇠약에 걸려 자살을 감행하기도 했다. 1854년, 르노 강에서 마지막 자살기도 후 정신병원에 수감된 그는 1856년 세상을 떠날 때까지 세상 밖으로 나오지 못했다.[28]

너무나 짧은 시간에 과도하게 신의 선물인 창의력을 사용했던 나머지 부작용 또한 엄청나게 크게 다가왔고 이를 이겨내지 못했던 것이다.

죽음의 유혹을
극복한 존 레넌

하지만 죽음의 유혹을 이겨내고 살아남은 아티스트도 있다. 유혹의 불길에 희생되지 않고 고통과 절망을 이겨냈다.

비틀즈 멤버였던 존 레넌John Lennon의 에피소드다. 《로스앤젤레스 타임스》 음악 전문기자인 로버트 힐번의 증언이다.

밤새 녹음작업실을 하는 동안 존은 수시로 옆방을 들락날락거렸는데 그런 그의 행동이 마음에 걸렸다. 마약에 빠져 허우적대던 수많은 뮤지션들이 머릿속에 떠올랐기 때문이다.

나를 발견한 존은 검지를 입술에 대더니 가까이 오라는 손짓을 했다. 내가 다가서자 그는 선반에 손을 뻗어 수건으로 감싼 무언가를 꺼냈다.

"같이 할까?"

그는 은밀한 표정을 지으며 그렇게 물었다.

"엄마(오노 요코)한테는 비밀이야. 내가 이러는 거 엄마는 모르거든."

존이 수건을 풀어헤쳤을 때 나는 웃지 않을 수가 없었다. 그가 선반 위에 꽁꽁 숨겨놓은 것은 다름 아닌 커다란 '허쉬 초콜릿'이었다. 존은 반으로 쪼갠 초콜릿 한 조각을 내게 건네고는 평화롭게 웃으며 말했다.

"다시 만나서 반가워, 친구"

즐겁고 짓궂은 장난이다. 존 레넌의 익살스런 표정이 상

상이 된다. 그렇게 존 레넌은 마약의 유혹으로부터 이겨낸 것이다.[29]

좌절감을
이겨내는 방법

진은숙 서울시향 상임작곡가는 "창작 과정 중의 어려움은 어떻게 이겨냈나?"라는 질문에 이렇게 대답한다.

"곡 하나 끝내고 나면 좌절감이 몰려온다. '내가 죽도록 고생한 결과가 겨우 이것인가?'라는 자괴감 탓에 인간이 아닌 버러지처럼 느껴지는 순간을 맞곤 한다. 바닥에서 나를 위로 끌어올리는 과정이 너무나 힘들다. 남들은 상을 탔다고, 성공했다고 하는데, 내가 자신에게 갖는 이미지와 대외적 이미지 사이의 간극이 너무 커 이를 감당하기가 버겁다. 극복 노하우는 없다. 이미 만든 곡에 대한 아쉬움을 만회하

새로운 도전으로
좌절감을 이겨내는
작곡가 진은숙

기 위해 계속 곡을 쓰게 되고, '다음엔 좀 더 잘 써보자' 하는 욕심을 냈다. 이 과정을 수십 년간 반복해왔다. 이런 동기 부여가 좌절을 뛰어넘는 힘이라면 힘이다."[30]

좌절감을 이겨내는 최선의 방법은 "새로운 도전뿐"이라고 그녀는 말한다. 목표가 없을 때 위험에 빠진다. 새로운 도전 대상이 없을 때, 싸울 대상이 없을 때가 가장 위험한 시기이다. 이때가 불길의 희생양이 될 가능성이 높다. 살아남기 위해서는 새로운 도전의 바퀴를 계속 굴려서 넘어지지 않게 하는 것이 최선이다.

도전 대상도 중요하다. 가장 이상적인 도전 대상은 자기 자신이다. 다른 라이벌이나 경제적 보상이 도전 대상이 될 수도 있지만 최고의 도전 대상은 자기 자신이다. 그것이 오랜 시간 창의의 불길에 희생되지 않고 끊임없이 창의성을 발휘하며 지속적인 활동을 할 수 있는 비결이다.

살아남기 위한 다른 방법으로는 휴식이 있다. 마티스처럼 남태평양의 타히티섬에 가서 편안하게 두 달 동안 아무것도 하지 않고 휴식을 취하는 것도 좋은 방법이다. 창의고수들은 보통 사람보다 집중력과 에너지 소모량이 2-3배 많이 쓰기 때문에 그만큼 휴식이 더 필요하다.

새로운 도전과 휴식, 창의고수 지망생들은 명심할 사항이다. 여러분들이 창의고수가 되었을 때 죽음의 유혹으로부터 살아남으려면 가슴에 새겨두어라.

제3부

남들과
차별화될 때
리더로
구별된다

'자유로운 영혼'을 가진 자란

몸이 아니라 생각이 자유로워서

어느 것에도 집착하지 않고

들판에 부는 바람처럼

어디든지 넘나드는

그런 생각을 하는 자이다.

남들과 차별화된 독창성을 가져라

"자, 지금부터 자기소개를 합니다. 주어진 시간은 10초, 그러나 자기소개 멘트가 차별화되지 못 하면 여러분은 이 시간 결석 처리됩니다!"

나는 고등학교 4학년인 대학교 1학년의 1학기 첫 수업시간에 학생들에게 신선하고 강력한 충격을 주기로 마음먹었다. 그리고 비치볼 하나를 교실에 던져 놓으면서 다시 말했다.

"출석이 끝났을 때 이 비치볼과 가장 가까이 있는 학생 또한 결석 처리됩니다."

그렇게 말하고는 곧바로 출석을 부르기 시작했다. 시장바닥 같은 혼란한 상황이 벌어졌다. 비치볼은 교실 여기저기로 굴러다니고, 학생들은 짧은 시간 동안 패닉상태에서 자기소개를 외쳐대고, 탄성과 웅성거림이 함께 터져 나오는 대혼란이 벌어졌다.

그렇게 한 시간이 흘러갔다. 학생들은 예고도 없이 치러진 대학 신고식에 당황한 기색이 역력했다. 그날 인상 깊었던 멘트들을 소개해본다.

"전 털이 남자보다 많아요!"(여학생)

"전 모태 솔롭니다."(여학생)

"전 이 교실에서 옆으로 제일 넓어요."(남학생)

"전 술을 잘 먹어요. 소주 여섯 병 가능해요."(여학생)

"전 손발이 여자보다 작아요."(남학생)

그렇게 출석 확인이 끝나고 나는 칠판에 이렇게 썼다.

보통, 평범, 일반, 중간은 무능력이다.

그리고 이렇게 정리하며 말했다.

"사회가 점점 혼란스럽고, 경제는 갈수록 어려워지고, 청년실업률은 갈수록 높아지고 있습니다. 여러분이 졸업하고 사회에 나갈 때쯤에는 지금보다 두세 배 더 혼란스럽고 악화된 경제상황이 될 것입니다. 좀 전에 경험한 상황보다 더 혼란스럽고 예측 불가능한 환경이 여러분의 미래에 다가올 것입니다. 이런 불안정한 환경에서 스스로가 보통, 일반, 평범하다고 생각된다면, 여러분은 무능력자이며 여러분의 앞날은 매우 어두울 것입니다.

이런 혼란스런 미래엔 비정상, 돌연변이, 변태 같은 창의 고수가 아니면 생존하기 힘든 사회가 될 것입니다. 여러분이 20여 년 동안 평범하게 살아왔다면, 지금부터는 좀 더 특별하고 개성이 강한 자기 자신을 만들어 미래에 다가올 폭풍에 대비하길 바랍니다.

특히 오늘 첫 시간, 결석 처리된 학생들은 남은 대학생활동안 오늘의 교훈을 깊이 가슴에 새기길 바랍니다!"

그날 10여 명의 신입생들이 결석 처리되었다. 단지 평범하다는 이유로······.

뚜렷한 차별화 전략이 필요하다

핵심은 남과 다른 '차별화'다. 창조경제시대에는 학생들만 아니라 기업체도 남과 다른 '차별화'를 위해 끊임없이 노력해야만 생존이 가능하다. 아마존, CNN, 이케아······ 이들이 모두 차별화된 독창적인 가치로 자신들을 시장에서 포지션함으로써 치열한 창조경제시대에서 성공을 이뤄낸 기업들이다.

이 가운데 이케아의 차별화 전략은 무엇이었을까? 스웨덴에 본사를 두고 있는 세계적인 가구 회사 이케아는 불편하고 불친절한 가구 회사다. 매장에 가면 소비자가 직접 2층에 디스플레이 되어 있는 가구를 보고 원하는 가구 번호를 적어서, 1층으로 다시 내려가서는 카트를 끌고 창고에 쌓여 있는 제품을 찾아서 직접 끄집어내어 카트에 싣고서 계산대 앞으로 힘들게 밀고 가야 한다. 모든 것이 셀프다. 불편하기가 그지없다. 모든 가구는 조립식이라 집에서 손수 매뉴얼을 보고 조립해야 된다. 더 불편한 점은 이케아 매장은 차를 장시간 몰고가야 하는 교외의 한적한 곳에 있는 것이다.

그런데 왜 이렇게 불친절하고 불편한 가구점이 세계적으로 성공한 기업이 되었을까? 왜 사람들은 가까운 가구점 대신 1시간 넘게 차를 몰고 이케아로 달려가는 불편함을 감수하는 걸까?

낮은 가격 때문이다. 동급의 경쟁 가구 업체에 비해 디자인이 뛰어난 반면 가격은 싸기 때문이다. 가격이 낮은 이유는 패스트푸드와 같은 개념인 패스트 퍼니처라고 당당히 공개한다. 그들이 판매하고 있는 가구는 대물림해서 쓰는 고급가구가 아니라고 주장한다. 이케아는 패스트 퍼니처 시장의 차별화된 가격 정책으로 정확한 포지셔닝에 성공했던 것이다.

그러면 불편하고 불친절한 서비스는? 가구의 원가를 낮추기 위한 전략이라고 당당하게 공개한다. 직접 가구를 고르고, 운반하고 조립하는 만큼 더 낮은 가격으로 제품을 공급한다고 당당히 밝힌다. 고객들은 다른 고급가구점에서 받는 친절과 편안함을 포기하는 대신 낮은 가격으로 보상 받기에 불친절해도 참는다.

이런 뚜렷한 '차별화' 전략 때문에 이케아는 오늘날 성공한 기업이 되었다. 다른 대부분의 기업에서 친절하고 편안하게, '고객을 왕'처럼 모시면서 비싼 가격을 지불하는 것과는 정반대의 차별된 포지셔닝을 했기 때문에 세계적으로 성공한 기업이 될 수 있었다. 구별되지 않고 평범하면 생존이 불가능한 것이 오늘의 기업환경이다.

21세기 기업경영에서 전해져 오는 다음의 명언을 명심해야 한다. 기업가뿐만 아니라 한국 미래를 책임질 청년들은 특히 명심해야 한다.

"Distinct or Extinct!(다르지 않으면 멸종이다!)"

그래서 많은 창의고수들이 남과 다른 차별화된 자신만의 독창적 가치를 창조하려고 노력한다. 그래야만 현대사회에서 멸종하지 않고 성공할 수 있기 때문이다.

세계적인 가구 디자이너 카림 라시드Karim Rashid, 그는 고민이 많다.

"요즘 들어 내가 만드는 모든 것에 나만의 개성을 반영시켜야 한다는 데 더 점점 집착하는 것 같다. 나는 옆 사람과 무엇이 다른가? 다른 디자이너와 내 작품은 어떻게 다른가? 내가 하는 작업은 정말로 기존의 것들과 다른가? 이런 질문을 스스로에게 던지면서 더 독창적인 작업을 하라며 가차 없이 몰아붙인다."

패션디자이너 정구호도 고민이다.

"제 목표는 라벨을 떼어내도 구호라고 알아볼 수 있는 옷을 만들자는 것이었어요. 옷은 라벨을 떼어내도 색깔과 소재에 상관없이 실루엣과 옷이 입혀지는 방법으로 어느 브랜드라는 것을 구분할 수 있어야 한다고 봐요."

창조경제시대에서 개인의 힘은 '차이점의 크기'에서 나온다. 옷의 라벨이 안보이더라도 멀리서만 언뜻 봐도 '구호패션이구나!' 하고 알아본다면 남과 다른 차별화에 성공한 것이다.

일본의 패션디자이너 이세이 미야케Issey Miyake의 옷이 그렇다. 그의 옷은 라벨이 없어도 멀리서 보면 단번에 알아볼 수 있다. 그만의 독창적인 '종이접기식' 디자인을 도입하여 옷을 만들기 때문이다. 그렇게 남과 다른 차별화된 가치의 디자인 감각을 소유했다는 것은 최고의 경쟁력이다. 그것이 그를 최고의 디자이너로 존재하게 하는 것이다.

**남과의
차이점이
경쟁력이다**

나는 펭귄을 싫어한다. 모두 똑같은 턱시도 정장 스타일이라 개성이 없어서 싫다. 펭귄들은 한번 짝짓기를 하면 평생 간다는데 이런 보수적인 연애관도 마음에 안 든다. 펭귄이 한 파트너와 평생 가는 이유는? 모두 같은 옷을 입고, 같은 외모에, 같은 생각을 하는데, 뭐 하러 다른 짝을 찾겠는가? 그렇지 않은가? 만약 세상 모든 남자와 여자들이 다 똑같이 입고 똑같이 생각한다면 은행에서 번호표 받듯이 순서대로 정해서 결혼해도 별 문제가 없을 것이다. 상상만 해도 끔찍하다.

본론으로 다시 돌아오면, 남과 다른 차이점이 나의 정체성이 되고 그 차이가 뚜렷할 때 독창적인 창의고수가 된다는 것이다. 기업 컨설턴트이자 명강사인 스티븐 코비 박사 Stephen Covey는 『성공하는 사람의 7가지 습관』에서 이렇게 주장한다.

"내가 남과 다른 것이 무엇인지를 강조시킬 때 내가 누군지 분명해집니다. 힘은 유사성이 아니라 차이점 안에 있습니다. 자기가 어떤 사람인지 알게 되면 자신의 생각과 재능이 남과 다르다는 것을 알게 되어 그것들을 활용할 수 있습니다. 차이가 클수록 좋습니다. 새로운 접근방법인 제3의 대안을 창조하는 능력은 이 차이점 때문에 증가되기 때문입니다.”

즉 경쟁력의 힘은 유사성이 아니라 차이점에 있다는 것이다. 창의고수가 되고자 한다면 스스로 남과 다른 차이점을 찾아내서 그 점을 최대한 강화시켜야 성공할 수 있다.

**창의고수만
살아남는 시대**

한국 사람들은 왜 이렇게 비슷비슷하게 되었을까? 과거 1970-1980년대 한국에선 국민들을 ‘규격화된 평범한 보통사람’으로 만드는 것이 국가정책이었고 그것을 실행하려고 공권력이 투입되었다.

지금 생각하면 참 어리석은 일들이지만 그때는 그것이 군부 출신 대통령들과 사회지도층의 가치관이었다. 경찰과 공무원들은 가위를 들고 국민들의 헤어스타일을 똑같이 만들기 위해 도심 거리에서 장발인 성인 남성들의 머리카락을 현장에서 흉하게 잘라버렸고, 성인 여성들에게는 치마길이를 자로 재고 규정보다 짧으면 벌금을 부과하곤 했다. 더 한심한 일은 국민들의 여가시간까지 단속했다. 밤 12시가 넘어서 돌아다니는 사람들은 남녀노소 불문하고 모두 파출소에 유치장 신세를 져야 했다.

1980년대 말 노태우 대통령 시절엔 '보통 사람'이 선거 슬로건으로 사용될 정도로 최고의 '인재상'이 되기도 했었다. 산업화시대에는 보통 사람들이 많이 필요했기 때문이다.

소수 특권층의 계획을 실현시켜줄 다수의 보통 사람들이 필요했었다. 그저 평범한 생각과 규격화된 행동을 해야만 군인처럼 통제가 쉬웠고, 불평불만 없이 묵묵히 기계처럼 시키는 일만 하면 최고로 인정받았다. 학교에서나 사회에서는 군인처럼 유니폼을 입혀서 비슷한 생각과 행동을 장려했고, 학생들은 이름보다 번호로 불려졌다. 또한 선생님이나 상사의 지시를 불평불만 없이 잘 따르는 착한 학생과 회사원이 우등생·우수사원이 되곤 했다.

그런데 30년의 세월이 지나고 보니 사회가 변했다. 제조업 중심의 산업사회에서 창의와 혁신을 강조하는, 차별화의 수준에 따라 성공이 판가름되는 무한 창조경제시대가 되었다. 평범한 사람들은 더 이상 설 땅이 없다. 평범한 사람은 중간이 아니라 무능력자이며 낙오자로 여긴다. 창의고수만 살아남는 시대가 되었다. 가치관이 변한 것이다.

**평범한 사람은
패배자이다**

최근에 성형수술로 고민하는 여학생이 내게 조언을 구한다. 외모가 경쟁력이라고 주장하며 연예인처럼 코와 눈을 고치면 예뻐 보이지 않겠냐고 한다. 난 그 자리에서 정색하며 말했다.

"예뻐지려고 돈쓰지 말고 '매력적'으로 만드는 데 돈을 써라! 예쁜 여자는 많은데 매력적인 여자는 적거든. 매력적인 여성이 되려면 남과 구별되는 개성을 강화해야 해, 그런데 연예인처럼 수술하면 남들과 비슷한 얼굴이 될 가능성이 높고, 그렇게 되면 결국 개성 없는 '평범녀'가 되는 게 아닐까? 당연히 매력지수도 낮아지겠지? 그러니까 너의 매력이 무엇인지 파악하고 매력지수를 높이는 데 돈을 투자하는 것이 경쟁력 있지 않겠니?"

다행히 그 여학생은 고개를 끄덕였다. 그 이후 아직도 성형수술을 안 하고 씩씩하게 다니는 것을 보면 충분히 설득에 성공한 것 같다.

그 여학생이 왜 이런 생각을 하게 됐을까? 기성세대들이 은연 중에 조장한 것은 아닐까? 변해야 한다. 어른들이 안 변하면 청년들이 먼저 바뀌어야 한다. 평범하다는 것은 더 이상 중간이 아니라 패배자로 여겨야 한다. 특별하고 개성 있도록 모든 면에서 하루하루 노력해야 한다.

어떻게 해야 차별화된 나를 만들 수 있을까? 먼저 나만의 차별화 지수를 확인해보기 바란다. 친구와 동료들에게 물어보라. 다른 사람들과 다른 나만의 다른 점이 무엇인지 물어보아라. 만약 그 다른 점을 1초 안에 말하지 않으면 여러분은 경쟁력 없는 '평범남녀'다. 그것이 여러분의 현주소다. 명심하라. 평범하다는 것은 무능하다는 것이다.

나만의 차별화를 강화시키기 위해서 나만의 리스트를 작

성해보기를 추천한다. 나만의 최고의 레스토랑 리스트 5, 나만의 최고의 패션브랜드 리스트 5, 나만의 최고의 영화 Top 10, 나만의 최고의 음악 Top 10 등과 같은 것을 선정하고 남들과 구별해서 즐기다 보면 어느 덧 차별화된 감각과 스토리가 있는 여러분이 되어 있을 것이다.

나만의 콤플렉스를 매력 포인트로 바꾸는 것도 추천한다. 나의 콤플렉스가 남들과 다른 나만의 개성이 될 수 있다. 얼굴에 점이 있거나 눈이 작다면 그것이 개성이 될 수 있고, 뚱뚱하다면 그것이 장점이 될 수 있다. 세계적인 한국계 모델 혜박은 오른쪽 코밑에 점이 콤플렉스였는데 지금은 그것이 자신이 남과 구별되는 매력 포인트가 되었다고 말한다. 여러분도 그렇게 할 수 있을 것이다. 남들과 뚜렷하게 구별되는 그 무엇이 있다면 그것이 남과 다른 경쟁력이 된다. 콤플렉스를 매력 포인트로 만들어야 한다.

IQ와 창의지수는 다르다?

인간의 사고는 '수렴적 사고'와 '확산적 사고'로 나뉜다. 수렴적 사고는 IQ테스트에 의해 측정이 가능하며, 하나의 정답이 있는 명확하고 합리적 문제를 해결하는 능력이다.

반면 확산적 사고는 여러 가지 관점으로 답을 찾는 능력이다. 다양한 사고를 생산하는 유동성, 하나의 관점에서 또 다른 관점으로 전환하는 융통성, 그리고 특별한 연관성을 발견해내는 독창성이 포함된다. 따라서 수렴적 사고를 하는 사람은 IQ가 높고 똑똑하지만 확산적 사고, 곧 창의지수까지 높은 것은 아니다.

나만의 비밀을
가져라

내 작품이 걸려있는 프랑스 레스토랑 '더 파리스'를 지인들에게 종종 소개한다.

"다음에 여기 자주 와서 친구들과 즐거운 시간 가지세요."

하지만 모두들 싫다는 반응이다. 왜냐하면 "이런 장소에는 다른 친구들에게는 비밀로 하고 소중한 사람하고만 가끔씩 와서 즐기고 싶다"는 것이다.

창의고수라면 일반적이고 흔한 것을 싫어한다. 레스토랑

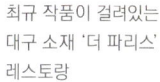

최규 작품이 걸려있는
대구 소재 '더 파리스'
레스토랑

도 그중에 하나다. 영화나 음악도 베스트셀러가 된 것은 싫어한다. 나만이 좋아하는 희귀한 것을 원한다. 많은 사람들에게 알려지지 않은 것, 나만이 아는 특별한 것, 그런 것을 비밀스럽게 숨겨놓고 즐기고 싶어한다.

일반적으로 사람의 심리 속에는 소중한 것을 보면 자기만의 비밀로 고이 간직하려는 본능이 있다. 어린아이가 예쁜 구슬이나 인형들을 침대 밑 깊은 곳에 숨기는 것도 이 때문이다. 이런 비밀 공간이 많은 아이들이 창의력 또한 뛰어나다.

그래서 창의고수들은 비밀을 좋아한다. 아무도 모르는 특별한 것을 비밀 창고 속에 넣어두고 즐기고 싶어한다. 그들의 비밀 창고가 풍요로울 때 그들의 예술 세계 또한 풍성하게 펼쳐진다. 그들의 비밀은 영감의 원천이기 때문이다. 그러므로 비밀을 소중하게 생각하고 간직하는 것이 창의고수 스타일이다.

여러분들 또한 창의고수가 되려면 비밀이 많아야 한다. 전통적인 가치관에서는 숨기는 것 없이 정직한 사람이 되라고 교육한다. 비밀 있는 사람을 음흉하고 비도덕적이라고 비판한다. 하지만 창의고수가 되려면 비밀이 있어야 한다.

비밀이 없으면 평범해진다. 비밀이 많으면 신비로우며 남과 차별되고 특별해진다. 가까운 연인 사이에도 비밀은 있어야 된다는 것이 내 지론이다. 신비롭고 모르는 것이 있어야 호기심이 생기고 더 끌리게 되어있다. 영화배우들도 비밀이 많은 배우들이 왠지 매력이 많다. 비밀 없는 스타가 무슨 매력이 있겠는가?

사생활이 공개되는 연예인들을 보면 안타까운 생각이 든다. 사생활이 공개되면 될수록 대중적이긴 하겠지만, 반대로 궁금한 것이 없어져서 평범해진다. 그래서 특별하고 개성있는 연예인일수록 사생활을 보호해서 특별해지려고 노력한다.

이런 연예인 남자를 나는 '까도남'이라 부른다. '까칠한 도시남자'가 아니라, 양파같이 '까도 까도 새로운 면이 나타나는 신비스러운 남자'라는 뜻이다.

비밀 정원을
가꿔라

많은 창의고수들이 그들만의 비밀을 가지고 있다. 이런 비밀들이 영감의 원천이 되어 그들만의 독창적인 창의성을 업그레이드 시켜준다.

「나비부인」을 작곡한 푸치니Giacomo Puccini는 '선수급 연애도사'였다. 어느 평론가가 그의 탁월한 여성묘사에 그를 궁금해하며 질문했다.

마에스트로께서는 어떻게 여성들을 그렇게 속속들이 알고 계십니까?

"무릇 여자란 겉으로 보아선 알 수 없소. 모든 여자들의 뱃속까지 들어가 봐야 알 수 있는 법이요. 그러자면 돈이 꽤

들지요. 내 말 무슨 말인지 알겠소?"

당연하다. 연애경험이 풍부해야 그런 묘사가 가능하지 않겠는가? 고지식한 평론가들은 너무 뻔한 질문을 어렵게 하는 경향이 있다. 푸치니의 비밀의 정원은 비밀스러운 연인들과의 '사랑의 경험'들이었다.

창의고수에겐 이러한 '비밀 정원'이 있어야 한다. 현실에 있는 정원이든 상상 속에 있는 정원이든 상관없다. 드리스 반 노튼Dries Van Noten, 그는 현재 세계 400여 곳에 매장을 가지고 있는 벨기에 출신의 재능 있는 패션디자이너. 그에게는 대중에게 공개된 적이 없는 그만의 '비밀 정원'이 있다. 만약 그에게 이 정원이 없다면 그의 작품세계가 위기에 처할 정도다. 그는 이렇게 말한다.

"정원 가꾸기는 패션 다음으로 나의 가장 큰 열정이죠. 내 정원은 나 자신을 가득 채워주고 나는 그곳에서 수많은 감성과 평안, 휴식을 얻죠. 내 눈에 보이는 꽃이라는 존재는

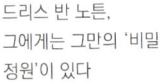

드리스 반 노튼,
그에게는 그만의 '비밀
정원'이 있다

매우 강력한 우아함의 상징입니다. 그들은 시간을 초월하며, 유행에 뒤처지는 일도 없죠. 아마도 그것은 모두에게 통하는 진리라고 해도 과언이 아니라고 생각합니다. 꽃들은 우리의 시각뿐 아니라 우리의 후각도 간절히 간구합니다. 나는 모든 꽃들을 그와 같은 방식으로 사랑합니다."

그는 그의 비밀 정원에 있는 꽃들로부터 패션의 영감을 받는다. 그의 감각을 자극하고 감성을 흠뻑 젖게 하는 영감의 원천은 아무에게도 공개되지 않는 그의 비밀 정원으로부터 온다고 말한다.

마르셀 뒤샹의 작품에는 무엇이 숨어 있을까?

귀중한 보석일수록 외지고 고립된 지역에서 나오듯, 기발하고 특별한 아이디어는 은밀하고 숨겨진 공간에서 나온다. 그래서 창의고수들은 비밀 공간 만들기를 좋아한다. 그들의 고유한 독창성이 보존되기 때문이다.

한 창의고수가 미국 필라델피아 미술관에 비밀 공간을 만들었다. 어두운 전시실 벽면의 아치모양의 붉은 벽돌이 있는 낡은 나무판자문이 있다. 그 나무판자 문틈 사이의 손때 묻은 틈새로 다가가서 쳐다보아라. 두 다리를 쫙 벌린 여인의 누드가 음부를 활짝 드러내고 나무덤불 사이에 누워 있어 화들짝 놀라 뒤로 넘어질 것이다.

이 작품은 현대미술의 대가 마르셀 뒤샹이 1946-1966년에 제작하여 설치한 작품이다.

뒤샹은 비밀을 주제로 이 작품을 만들었다. 뒤샹은 1968년 10월 1일에 죽었고, 이 설치작품은 1969년 6월 필라델피아 미술관에 공개되었지만 작가의 요구대로 비밀을 유지했다. 비공개 원칙 때문에 작품에 관한 그 어떤 언론보도나 특별한 오프닝 파티도 갖지 않았다. 1984년까지 보도 통제로 사진까지도 일반인에게 공개되지 않아서, 오랫동안 사람들의 관심으로부터 곱게 보존되어 있었다. 오랫동안 그렇게 숨겨져 있었다.

18년이 지난 1987년, 마침내 대대적으로 언론에 공개되었다. 뒤샹의 출생 100주년을 기념하는 전시회에 사람들에게 본격적으로 공개되었고, 대중적인 관심은 증폭되었다. 평론가들은 앞 다투어 이 작품에 관해서 글을 쓰기 시작했고, 많은 언론들은 세상에 알리기 시작했다.

비밀을 소재로 한 뒤샹의 이 작업은 지금도 필라델피아 미술관에 은밀하게 숨어 있다. 이 작품을 감상하고 싶은 사람은 필라델피아 미술관에 가서 주의 깊게 찾아보길 바란다. 비밀을 즐기는 마음으로, 또는 비밀을 훔쳐보는 야릇한 마음으로…….

앤디 워홀의 비밀의 방에는 무엇이 있을까?

위대한 창의고수들의 비밀은 대부분 그들이 죽은 후에 공개된다. 앤디 워홀Andy Warhol 역시 그가 죽은 후 그의 비밀의 방이 공개되었다. 워홀은 1987년 2월 22일 6시 31분 뉴욕 병원에서 사망했다. 사망원인은 쓸개제거 수술을 마치고 회복단계에서 투약된 약의 부작용과 간호사의 직무태만이었다.

그의 유산이 정리되었다. 스물일곱 개의 방이 있는 그의 집을 유산관리자가 정리하는 동안 엄청난 규모의 보물에 사람들은 쇼크를 받았다. 마치 아리비안나이트의 '알리바바와 도둑들'의 보물 창고 같았다. 그곳에는 포장도 뜯지 않은 귀중품 상자들과 쇼핑백들이 수없이 나왔으며, 식당에는 발 디딜 틈 없이 호화 장식품으로 가득 찼고, 테이블 위에도 나바호 인디언의 담요와 보석들, 나무 가면들 같은 값나가는 골동품들이 즐비했다. 침대 옆 작은 테이블에도 보석들이 널려있었다.

무려 1만 점에 달하는 보석, 도자기, 과자상자, 골동품, 예술작품들이 나왔다. 피카소를 비롯한 유명 화가들의 작품들도 가득했다. 사이 톰블리, 로이 리히텐슈타인, 재스퍼 존스, 데이비드 호크니 등의 작품도 있었다.

자신만의 비밀의 방에서
영감을 받는 앤디 워홀

　이것이 전부가 아니다. 집 안을 정리한 몇 달 후, 부속 창
고 문을 열어보니 그곳에도 수많은 보석들이 무수히 쏟아져
나왔다. 부속창고에서 나온 보물은 모두 273점이 되었고 모
두 경매에 붙여졌다.

　경매 결과에 모두들 경악했다. 1988년 4월 23일 소더비
경매 회사에서 경매가 이루어졌고, 워홀이 쓰다 반쯤 남긴
향수까지 최고가로 낙찰되었다. 앤디 워홀의 작품을 제외한
경매총액은 2,700만 달러(약 324억 원)에 달했다.

　앤디 워홀의 영감의 원천인 '비밀의 방'에는 그가 사랑하
는 값비싼 보석들과 고가의 상품들이 있었다. 팝아트의 영
감의 원천은 고급백화점에 있는 '샤방샤방', '블링블링'한 사
치스런 고가의 상품들이었다. 그런 사치품들과 보석들이 앤
디 워홀을 즐겁고 행복하게 만들었고 그런 '상품을 소비할
때 느끼는 물질적 행복'이 앤디 워홀의 예술 세계였다.

여러분들이 창의고수가 되고자 한다면 마음속이나 현실 속에 비밀의 정원을 하나씩 숨겨놓기를 바란다. 그 어떤 종류의 숨겨진 '비밀의 방'이 현실이나 마음속에 있을 때 그 사람만의 독특한 매력과 개성이 될 수 있기 때문이다. 그것이 어느 곳, 어떤 종류는 중요치 않다. 여러분만의 비밀의 방이 그 무엇으로 가득 찼을 때 여러분은 창의고수가 되어 있을 것이다.

그렇다면 어떻게 나만의 '비밀 공간'을 가질 것인가? 도시 안이나 교외의 한적한 곳에 오피스텔이나 원룸을 이용해서 나만의 공간을 만들어도 좋고, 가정집의 창고나 차고라도 좋다. 미국과 유럽에서는 차고를 개조해서 자신만의 공간으로 꾸미는 사람들이 참 많다. 그곳에서 나만의 좋아하는 수집품을 모아서 보관하고 즐기며 시간을 보내는 직장인들이 많다. 영감이 필요할 때 이곳에 와서 은밀하고 즐겁게 지낸다. 반드시 혼자서 그곳을 즐겨야 한다.

여성 직장인 또한 나만의 공간을 만들어 보라. 화가의 작업실 같은 나만의 공간을 집 안도 좋고 집밖의 공간도 좋다. 여러분이 어느 날 영감이 필요할 때 그곳으로 달려가서 평화를 얻고 위로를 얻을 공간을 만들어라. 스트레스가 많은 직장일수록 이런 나만의 비밀 공간이 꼭 필요하다.

비밀을 소유하고 그것을 가치 있게 지키는 것이 창의고수 스타일이다. 비밀을 가져라, 그 비밀과 비밀 공간이 여러분을 창의고수로 만들어 줄 것이다.

나쁜 놈이 되어라

내가 가르치는 학생들이 한 여학생을 지적하면서 그녀를 향해 바보라고 부른다. 식당에 같이 가면 가만히 앉아만 있어서 친구들이 짜증난다고 한다. 친구들이 주문도 해줘야 하고, 계산도 도와줘야 하고 숟가락도 가져다 줘야 한다고 불평이다. 그저 예쁘고 착하게 자라서 그렇다. 할 줄 아는 것이라곤 몸치장과 공부밖에 없다. 착한아이 증후군에 갇혀서 그렇다.

안타깝다. 친구들은 그녀를 '미성숙한 바보'라고 놀려댄다. 아무것도 하지 말고 공부만 잘하라는 엄마 말을 충실히 잘 따르는 착한 아이로만 자랐는데, 대학에 오니까 스스로 할 줄 아는 것이라곤 공부 밖에 없다. 미성숙한 여대생이 되어서는 어쩔 줄 모른다.

이런 '엄친아'들이 요즘 대학에 무척 많다. 엄마의 기대와 지시에 어긋나지 않고 착하게 행동하는 대학생들이 유난히 많다. 엄마의 권유에 의해 수강신청도 하고, 성적에 문제가 생겨도 엄마가 교수에게 전화하고, 지각을 해도 엄마가 문자메시지를 보낸다. 남자친구도 엄마의 권유에 의해 사귄다.

이런 '엄친아'는 창조경제시대에서 살아남기 힘들다. 착한 아이들은 대부분 독립성과 자발성이 부족하다. 무조건 무반항적으로 엄마의 의견이나 지시를 따르게 하는 것은 위험한 가정교육이다. 아이가 납득할 수 있게 이해시키고, 그래도 안 되면 시행착오의 시간을 가지고 실수하도록 내버려둬야 한다.

'엄친아'보다는 청개구리 같은 '나쁜 아이'가 낫다. 창의사회에서는 '엄친아'보다는 자기주장 강한 '나쁜 아이'가 되어야 경쟁력 있고 성공하는 사회다.

창의고수가 되려면 반항적인 기질이 있어야 한다. 기존에 정해진 진리나 법칙을 부정하고 뒤집는 사고를 해야 한다. 하지만 어릴 적부터 순종하는 것에 습관화된 착한 아이에겐 반항하는 것이 쉬운 일이 아니다.

성공한 창의고수들의 못된 행동들을 살펴보자.

스티브 잡스는 범법자였다?

슈퍼창의고수 스티브 잡스는 '나쁜 시민'이었다. 자동차의 번호판 없이 5년 동안이나 버젓이 차를 몰고 다녔으니 법을 어긴 나쁜 범법자였다. 미국 캘리포니아 교통법에 의하면 65달러의 벌금을 내야 하는 범죄자였다. 그러나 신기한 것은 2006년부터 6년 동안 단 한 번도 번호판 미 부착으로 벌금을 낸 적이 없었다고 한다.

왜 그랬을까? 애플의 전직 보안담당자였던 존 캘라스에

의하면 "잡스는 캘리포니아 법이 새로 구입한 차량의 경우 번호판을 받아서 부착하는데 최대 6개월의 시간을 주는 점을 이용했다"고 밝혔다. 그러니까 6개월마다 새 차를 구입해서 다녔다는 말이다. 엄밀히 말하면 법을 어긴 것은 아니었지만 교통법규를 착실히 따르는 일반적인 '착한 시민'의 '착한 행동'은 아니었다.

잡스는 교통법규의 허점을 악용한 것이다. 이런 행동은 청개구리 같은 '삐딱한' 생각에서 나오는 행동이다. 남들과 똑같이 착하고 순종적으로 법을 지킨 착한 시민이 아니라 그만의 반항적인 방법으로 법의 허점을 교묘히 이용한 것이다.

이렇게 창의고수들은 선천적으로 반항적인 속성을 가지고 있다. 맹목적으로 순응하고 따르는 것을 싫어한다. 세상의 모든 일을 무조건 순종하고 따르는 것을 싫어한다. 그것이 창의고수 스타일의 본성이다.

학교에서도 '나쁜 학생'이 되어야 한다. 이유 없이 교수님이 지시하는 무조건적 일방통행 교육만 받는 '착한 학생'은 창의사회에서는 문제가 많다. 쌍방향 토론 수업으로 본인의 다른 의견을 당당하게 개진하고, 의견이 다르면 자신 있게 반항하는 학생이 되어야 한다.

한국의 대표적 건축가 승효상은 대학교 2학년 때 교수에게 반항하며 대들었다고 《씨네21》과의 인터뷰에서 말한다. "첫 날 강의를 듣는데 미국에서 공부하고 막 돌아온 젊은 교수가 '건축이란 무엇인가?'를 가르치는 게 아니라 제도기

사용법을 알려주는 거예요. 그래서 '지금 그게 우리에게 맞는 강의라고 생각하시고 강의하십니까?'라고 말하고 교실 문을 꽝 닫고 나와 버렸죠."

자기주장이 강하고 분명한 학생은 항상 불만이 있을 수밖에 없고 교수와 싸우면서 나쁜 학생이 될 수밖에 없다. 그것이 창의고수들의 공통된 성향이다. 그런 이유로 나는 착한 학생보다 반항적인 나쁜 학생들을 더 좋아한다.

반항하여
성공하라

15억 건의 유투브 동영상 조회수를 기록한 「강남 스타일」의 뮤직비디오 하나로 세계적인 가수가 된 싸이. 그의 어린 시절은 반항심으로 똘똘 뭉친 '나쁜 아이'의 전형적인 사례다. 원리원칙주의자 아버지에 대한 반발행위들이 오늘날의 싸이를 만들었다고 그는 고백한다.

싸이의 어린 시절은 '착한 아이'와는 한참 거리가 멀다. 못된 '청개구리' 반항심은 타고났다. 그가 7-8살 때 '잔디를 밟지 마세요'라는 푯말을 보고 일부러 잔디밭에 뛰어 들어가서 잔디를 밟는 것을 어머니가 뛰어 들어가 데리고 나올 정도로 반항적인 '나쁜 아이'였다. 청소년기에는 담배 피우는 것이 아버지에게 발각되자 "아버지부터 끊으세요!"라고 버릇없이 대들었다고도 한다.

성장해서도 반항기는 계속된다. 미국 유학의 이유가 아버지의 간섭으로부터 벗어나는 것이었는데 아이러니하게도

아버지에 대한 그릇된
반항심으로 성공한
가수 싸이

그 선택이 미래의 싸이를 만들게 되었다. 공부가 목적이 아
닌 유학이었으니 당연히 아버님 간섭받지 않고 열심히 놀았
다고 한다. 보스턴 대학 국제경영학과를 입학하자마자 휴학
하고 학비를 환불받아서 가무를 즐기고, 그 후에 동부에 있
는 버클리 음악대학에 등록하고 부모님이 보내주신 학비로
악기를 구입해서 미치도록 놀면서 즐긴 경험들이 오늘날의
글로벌 인기가수 싸이가 될 수 있는 음악적 백그라운드 경
험이 되었다고 한다.

결론적으로 아버지에 대한 그릇된 반항심이 오늘의 싸이
를 만들었던 것이다. 만약 싸이가 고분고분 부모님의 지시대
로만 하는 말 잘 듣는 '착한 아들'이었다면 오늘날의 싸이는
없었을 것이다. 그저 아버지의 사업을 이어받은 평범한 비즈

니스맨이 되어 노래방에서 고래고래 고함이나 지르며 하루 하루 평범하게 살고 있었을 것이다.

위대한 미친놈,　초등학교 도덕 교과서에는 창의고수들을 찾을 수 없다. 왜
창의고수　그럴까? 창의고수들은 대부분이 싸이처럼 비뚤어진 '반항 아' 성향을 보이기 때문이다.

창의고수들의 타고난 성향이 착하고 모범적인 어른들이 아님을 연구에 의해 밝혀졌다. 심리학자 프랭크 바론은 창 조성과 성격의 관계를 체계적으로 연구한 학자인데, 창조력 이 뛰어난 사람들을 다양하게 구성해 성격 테스트를 했다. 이를 '캘리포니아 테스트Q-Sort Test'라 한다. 테스트 참가자 중에는 작가이자 영화배우인 트루먼 카포티, 소설가 노먼 메일러 같은 유명 예술가들도 포함되어 있었다.

테스트결과가 재미있다. 크리에이티브 피플들은 평범하지 않으며, 이상한 성격을 가지고 있고, 반항적 기질이 많고, 지 적능력이 높고, 과장이 심하고, 감정기복이 심하고, 비도덕 적이며, 급진적이며, 인간관계가 원만하지 않고, 매너가 없으 며, 신뢰감과 책임감이 부족하며, 그 시대 관습을 잘 따르지 않는 사람들이란 결과가 나왔다.

푸하하하하하♪ 놀랍지 않은가? 그러니까 예술가나 과학 자 같은 크리에이티브 피플들은 우리가 생각하는 착하고 모 범적인 위인과는 거리가 먼 사람들이다. 하지만 "이들은 매

캘리포니아 테스트,
획득 가능한 최고점은
1(100%)이며 그런
성향이 거의 나타나지
않음을 뜻한다.
(+요소는 창의적이고
-요소는 창의적이지
않은 요소들이다)

성격의 특성	창의성의 정도
평범한 생각을 하지 않으며 독특한 연상을 한다.	+0.64
관심을 끄는 흥미로운 성격을 가지고 있다.	+0.55
순응주의자가 아닌 반항적 기질이 있다	+0.51
지적 능력이 상당하다	+0.46
과장이 심할 때가 종종 있다	+0.42
감정의 기복이 심하다	+0.40
도덕주의자이다	−0.40
보수적이다	−0.40
사람들과 잘 어울리며 매너가 좋다	−0.43
믿음직스럽고 책임감이 있다	−0.54
사회적으로 옳다고 생각되는, 즉 그 시대에 맞는 관습에 따라 자신과 다른 사람을 판단한다.	−0.62

우 편안해 보였고, 보통사람보다 자기 자신에 대한 만족감
이 큰 것 같았다."고 한다.[31]

믿어지는가? 창의고수들은 우리가 존경하는 '바른생활
맨'과는 거리가 한참 먼 인격의 소유자들이었다.

톰 포드가 착했다면 구찌는 없었다

나쁜 창의고수들의 비행들을 조금 더 알아보자. 우리가 아
는 유명인들이지만 그렇게 모범적인 생활을 한 것은 아니다.
이런 에피소드를 읽으면 위안과 자신감을 얻을 청소년들이
많을 것이다.

구찌GUCCI를 부활시킨 패션디자이너 톰 포드Tom Ford, 뉴

멕시코 주에서 어린 시절을 보낸 그는 17세 때 뉴욕으로 갔다. 뉴욕 대학교에서 미술사를 전공한 그는 취미로 연기수업을 들으며 대학생활을 그럭저럭 보내다가 어느 날부터 당시 뉴욕의 전설적인 나이트클럽 '스튜디오 54'의 단골이 되었다. 이곳에는 팝아티스트 앤디 워홀이 드나들었고, 가장 패셔너블한 매력남녀들이 모두 몰려드는 뉴욕에서 가장 '핫'한 나이트클럽이었다. 그는 이곳에서 많은 시간을 보냈다.

그러니까 톰 포드의 학교는 나이트클럽 '스튜디오 54'였다. 나이트클럽에서 보고 경험한 다양한 감각으로 오늘날의 세계적인 패션디자이너와 영화감독을 넘나들며 활동하는 창의고수가 되었다.[32]

일반적인 학부모들의 시각으로는 톰 포드는 '날라리 학생'이었다. 또한 도서관 대신 나이트클럽에 죽치고 앉아 있는 '질 나쁜 학생'이었다.

구찌를 부활시킨
톰 포드

하지만 그는 나이트클럽에서 쌓은 스타일 감각으로 오늘날 유명한 패션디자이너가 된 것이다. 착하고 성실한 대학생으로 만족했다면 오늘날의 성공한 톰 포드는 없었을 것이다.

착한 사람이 되기를 포기하라

창의고수들은 성적性的으로도 '나쁜 남자' 경향이 많고, 일상적으로 섹스를 즐기는 이들이 많다. 그 중에서 마르셀 뒤샹은 현대미술계의 왕 고수급에 속한다.

뒤샹은 세 명의 여자와 '그룹섹스'를 즐겼던 적이 있었다. 1924년, 뒤샹은 프랑스 몽파르나스의 싸구려 호텔 '이스트리아'에 머물고 있었다. 이즈음 뒤샹은 메리 레이놀즈라는 여성을 만나고 있었는데 그녀는 미국인으로 남편을 전쟁으로 잃고 1920년대부터 파리에 거주하고 있었다. 어느 날 뒤샹은 그의 애인 메리 레이놀즈에게 그의 친구인 로세 이야기를 했다.

"그(로세)는 나의 많은 애인들과 섹스를 했어. 그 친구는 가까운 시일 내에 너(메리)와도 섹스를 할 거야"라고 말했는데, 이들은 뒤샹의 말처럼 뒤샹이 없을 때 섹스를 했다.

그 뒤, 그의 친구 로세는 미안했는지 뒤샹에게 "세 송이 꽃 잔치"를 차려주었다. 뒤샹이 저녁에 집에 들어가니까 그의 침대에는 세 명의 여인이 누드로 그를 기다리고 있었다.

이틀 뒤 뒤샹은 로세에게 "세 명의 여자가 네게 달려들었

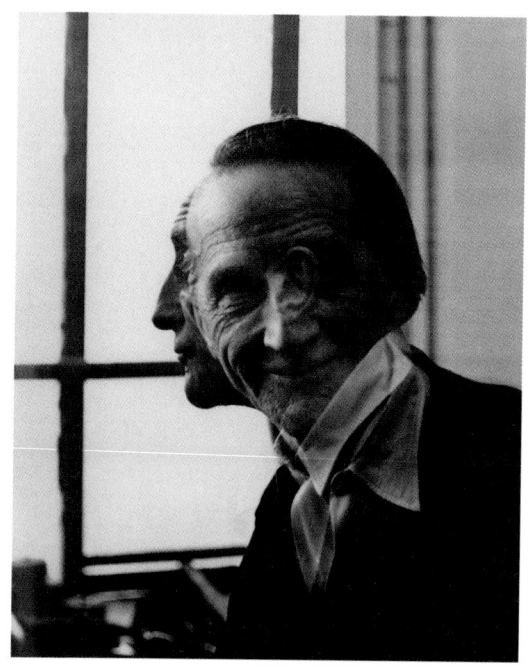

을 때 난 내가 어디에 있는지 알 수가 없었다. 불행하게도 넌 그곳에 없었으므로 나를 도와줄 수 없었다"고 농담을 했다.

푸하하하하하♪ 물론 이 소식을 들은 뒤샹의 애인 메리는 마음에 상처를 입었고 카페에서 그에게 쌍욕을 사정없이 날렸다.[33]

착한 사람 가운데 창의고수는 드물다. 창의고수로 성공하고 싶다면 국가가 나서서 추방시킨 사진작가 김중만 같은 '나쁜 남자'가 되어야 한다.

여러분이 직장에서 창의고수가 되고자 한다면 어느 정도 '까칠한 직원'이란 평판을 들을 각오를 해야 한다. 기존의 법칙이나 가치관에 반항하고 새로운 길을 가려면 어느 정도 '나쁜 놈'이란 비난을 들을 각오를 해야 한다. 지나치게 착하고 성실하게만 행동하던 착한 시민의 가치관은 포기해야 한다. 그 정도의 비난소리를 감내할 자신감이 없으면 아예 포기하고 착하고 평범하게 사는 것이 낫다.

순종적인 예스맨보다는 진정으로 이해하고 따르는 성격이 까다롭지만 진정성 있는 청년 또는 직장인이 되어야 한다. 윗사람이라고 해서 그들이 하는 모든 말과 행동이 무조건 옳다고 생각하지 마라. 창조경제시대에는 다른 의견이나 아이디어가 있으면 당당하게 건의하고 주장할 줄 알아야 한다.

명심하라, 창조경제시대에는 예스맨보다는 나쁜 놈이 되어야 한다. 나쁜 남자가 바로 창의고수 스타일이다.

10 변태가 되어라

여름방학이라 가족을 만나러 뉴욕에 갔을 때였다. 스타벅스 야외테라스에 노트북을 켜고 앉아 있는데 토끼 두 마리가 내 발가락을 간질거리며 돌아다닌다. 이게 뭐지? 뚱뚱한 백인 남자가 옆에 앉으면서 토끼 두 마리를 카페 바닥에 풀어놓았다. 내가 예쁘다고 말하니, 웃으면서 자기 와이프의 '베이비들'이라 말한다. 신기하고 이상해서 계속 쳐다보았다.

이상한 건 나만 흥분해서 호들갑이다. 한국 커피숍 안에서 토끼가 돌아다니는 것은 이상한 일이지만 이곳에선 별일 아닌가 보다.

나만 이상한 건가? 스타벅스에서 토끼를 봤다고 집에 돌아와 딸에게 말하니까 딸은 페이스북을 보여주면서 뉴욕 부르클린에 사는 여자가 돼지 한 마리를 애완동물로 키우며 침대 위에서 같이 자는 사진을 보여준다.

역시 변태들이 많은 것을 보니 세계적인 창의도시 뉴욕에 왔다는 것이 피부로 느껴진다.

창의고수는
변태고수다

평소에 학생들에게 나는 변태 선생이라 말한다. 말장난 같지만 변태變態란 변형된 형태를 말하고 그 반대는 정태正態다. 정태는 정상적이고 규격에 맞춰진 바른 형태다. 정상이 아닌 변형된 사고와 행동을 좋아하는 변태 선생이라고 말한다. 나는 똑바른 생각, 정해진 규칙을 반드시 지키는 기계 같은 정태 청년들을 별로 좋아하지 않는다.

애플의 공동창시자인 스티브 워즈니악Steve Wozniak도 나처럼 변태 생각을 좋아한다.

"세상을 바꿀 새로운 무언가를 창조하는 유일한 길은 상식적인 사고의 틀을 벗어나는 것이다. 우리는 다른 사람이 만들어놓은 인위적인 장벽을 뛰어넘어야 한다."

그가 말한 '상식적인 사고의 틀을 벗어나는 것', 그것이 곧 변태적인 사고와 행동을 하는 사람들이고, 그들이 '세상을 바꿀 무언가를 창조'하는 창의고수들이라고 말한다.

직장인 여러분들이 창의고수가 꿈이라면 일상에서 용기를 내어 변태 생각과 행동들을 밥 먹듯이 즐겨야 한다. 만약 여러분이 평범하고 정상적인 것만 좋아하는 '바른생활맨'이라면 지금부터 변해야 한다. 일상이 창의적인 변태 고수처럼 살아야 한다.

창의고수들의 변태 행동들을 살펴보자.

변태라 불리는
그들

어느 연못에 개구리들이 파리를 잡아먹으며 살고 있었다. 어느 날 벌을 잡아먹는 신종 개구리가 나타났다. 평범한 개구리들은 그 '벌 먹는 개구리'를 혐오하며 싫어했다. 급기야 단체로 찾아가서 따졌다.

"야 괴상한 놈아! 어떻게 그 혐오스런 벌을 먹을 수 있니?"

벌 먹는 개구리는 음흉한 미소를 지으며 말했다.

"너희들은 이 짜릿한 맛을 이해 못 할 거야!"

이후 보통개구리들은 그 놈을 '변태 개구리'라 불렀다.

샤넬, 패션계의 창의고수인 그녀도 '변태 개구리' 취급을 받았다. 1907년, 그녀가 승마바지를 처음 입었을 때 파리의 분위기가 그랬다. 당시 여성이 바지를 입고 자전거로 불로뉴 숲을 달리다가 경찰에 붙잡혀 경고를 받고 풀려났다는 기사가 신문에 나던 시절이었으니 그럴만하다.

당시 여자가 바지를 입는 것은 요즘으로 치면 거의 발가벗고 다니는 것으로 여길 정도였다. 바지 차림의 여자는 다리 사이를 자꾸만 연상시켜 음란하다고 생각했다. 그때까지 여성은 품이 넉넉하고 바닥까지 끌리는 긴 치마를 입어야 했고, 치마는 될 수 있는 대로 무거워야 했던 시절이었다. 당시의 시각으로 보면 샤넬은 '변태 개구리' 취급을 받았음이 분명하다.

그 시대에 변태로 낙인찍힌다는 것은 기존의 고정가치에 도전하는 아티스트들에게 항의하는 보수적인 사람들이 폄하하며 부르는 호칭이다.

사진작가 김중만도 변태로 찍혔었다. 그것도 국가차원에서. 김중만은 1980년대 중반에 두 번이나 당시 안기부에 의해 국외로 추방당했다. 범죄행위가 아니라 그의 변태적인 라이프스타일 때문이었다.

참 특별한 케이스다. 한 개인의 사고와 행동이 얼마나 특이하고 변태적이었으면 국가기관이 나서서 국외로 추방할까? 정말, 특별한 국보급 변태 아티스트가 아닌가? 이쯤 되면 그의 미친 존재감은 충분히 증명된 것이다. 그것도 두 번이나 추방되다니. 누군가가 무엇을 하던지, 한 국가를 위험에 빠뜨릴 정도여서 공권력이 나설 정도로 그 존재감이 강

변태적인 라이프스타일
때문에 추방당한 적이
있는 사진작가 김중만

력하다면, 그는 충분히 당대의 '문화적 대표 아이콘'이라 할 수 있다.

몸에 문신이 많은 이유도 멋지다.

"살면서 특별한 일이 생길 때마다 하나씩 새겨 넣은 문신이 이제 30개가 넘는 것 같습니다. 개인적인 일로 문신을 하기도 하지만 '천안함'이 침몰했을 때, 김대중 대통령이 돌아가셨을 때 등 한국인으로서 큰일을 당했을 때, 그 아픔을 잊지 않기 위해 문신을 했습니다."[34]

정말 창의적인 발상이다. 국가적인 중요한 비극이 있을 때마다 개인적 아픔의 기억을 몸에 문신으로 새겼다니! 시대의 아픔과 고통을 내면화하고, 작품으로 표현하는 아티스트들은 많지만, 그처럼 몸에 새겨 시각적으로 '나 이만큼 아팠어'라고 표현한 일은 없었다. 가히 독창적인 발상이다.

대한민국이 문화 선진국이 되려면 김중만 같은 변태 아티스트들이 많아야 한다. 그리고 아티스트가 추방되는 일은 더 이상 없어야 한다.

한국에서는 국가가 나서서 별난 행동을 하는 아티스트를 국외로 추방하지만 국가가 나서서 출국을 막은 사례도 있다.

장 폴 고티에Jean Paul Gaultier, 팝 가수 마돈나의 1990년 '블론드 앰비션' 투어공연에서 입은 원뿔형 브래지어가 달린 코르셋을 디자인한 파격적인 패션디자이너며, 현재는 전통 깊은 헤르메스HERMES의 수석디자이너로 활발하게 활동하고 있는 그가 젊었을 때의 일이다.

1974년, 그는 피에르 가르뎅의 필리핀 마닐라지점에서 일하게 되었다. 그가 파리로 돌아가려 하자, 필리핀 정부에서 그를 붙잡아두려고 설득했고, 심지어 공항에서는 그를 출국금지 시켰다.[35] 대단하지 않은가? 결국은 할머니가 돌아가셨다는 변명으로 파리에 힘들게 돌아올 수 있었지만, 장 폴 고티에와 김중만은 이렇게 너무 다른 처우를 받았다.

창의적인 관점에서 보자면, 1980년대 한국 정부는 1970년대 필리핀보다 뒤떨어진 문화적 가치관을 가지고 있었다. 당시의 한국에선 문신 있는 남자들은 이유 불문하고 모두 잡아가는 분위기였다.

크리에이티브 피플들은 틀에 찍어낸 정직한 형태나 생각들을 싫어한다. 변태 같은 생각이나 행동들을 좋아한다. 창의고수들에겐 하드코어 변태 기행들이 많다. 몇 가지만 더 소개하자.

슈퍼창의고수 앤디 워홀은 1960년 중반 '팩토리'라 불리는 작업실에 손님이 오면 즉석 카메라를 들이대면서 이렇게 말했다.

"자네 성기를 찍게 바지 좀 내려줄 수 있겠어?"

정말 황당하고 변태적인 놈이었다. 그리고는 다시 이렇게 말했다.

"누구는 그러마 하고 바지를 내렸고, 누구는 안 된다고 거절했는데, 그들이 누군지 알면 당신들은 놀랄 거요."[36]

집에 찾아온 손님에게 바지를 내리라며 카메라를 들이대는 그는 도대체 어떤 개념을 갖고 살까? 또 벗으라고 벗는 사람들은 어떤 놈들일까? 정말 외계인+변태+돌연변이 같은 놈들이다.

그건 그렇다 치고, 그 앞에 바지를 내린 수많은 유명인 놈들은 또 누구였을까? 솔직히 나는 앤디 워홀이 부럽다. 세상에 누가 이렇게 변태처럼 행동할 것이며, 그런 말을 듣고 좋다고 바지를 훌러덩 내린 변태 친구 놈들은 과연 누굴까? 아마 존 레넌이 그와 친했으니 오노 요코를 옆에 세워놓고 바지를 내렸을지도 모를 일이다. 평범한 사람들에겐 죽었다 깨어나도 할 수 없는 행동들이 이들에겐 너무나 일상적으로 가볍게 행해진다.

구두를 삶아 먹다

신고 있던 구두를 먹은 영화감독이 있다고 하면 아무도 믿지 못하겠지만 이는 사실이다. 한때 휴가 나온 해병대 병사들이 생존훈련에서 구두를 삶아 먹었다고 허풍 떠는 소릴 들은 적은 있지만(군인의 구두는 소가죽을 재가공해서 만들었기 때문에 삶아 먹을 수는 있다고 하는데, 사실인지는 모른다) 실제로 구두를 삶아 먹을 줄이야!

구두를 먹은 베르너 헤어조크Werner Herzog 영화감독은 〈레스큐 돈〉, 〈그리즐리 맨〉 등을 연출한 미국 출신 영화감독이다. 구두를 먹은 이유는 영화감독 에롤 모리스와 내기를 했는데 그가 진 것이다.

발단은 이랬다. 1970년대 말, 헤어조크 감독이 캘리포니아 버클리대학에서 강의를 할 때 당시 철학과 학생이었던 모리스가 애완동물 공동묘지에 기거하는 사람들에 대한 영화를 만들고 싶다고 했다. 그 소리를 들은 헤어조크감독은 콧방귀를 끼면서 "만약 모리스가 그 영화를 만들어 시사회를 한다면 구두를 먹겠다"고 선언했다. 하지만 놀랍게도 모리스는 그 애완동물 공동묘지에 기거하는 사람들을 소재로 〈천국의 문〉이라는 영화를 만들어 감독 데뷔를 하게 되었다. 헤어조크 감독은 약속을 지켜야 했다.

결국 헤어조크 감독은 1978년에 개봉된 〈천국의 문〉 영화 시사회장에 참석한 많은 관객들 앞에서 신발을 먹어야 했다. 그날의 구두 먹는 장면은 20분짜리 단편영화로 기록되었다. 캘리포니아 버클리의 세계적인 유명 요리사 엘리스 워터스의 조언과 함께 구두에다 마늘과 허브를 넣고 5시간을 뭉근히 끓였다. 하지만 헤어조크는 '치킨을 먹을 때 뼈까지 다 먹지 않는다'는 이유로 구두를 다 먹을 수 없다고 주장하며 신발의 일부만 먹었다.[37] 이런 일들은 일반인들에겐 정말 일어날 수 없는 놀랄만한 에피소드이지만 창의고수들에게는 흔한 일이다.

마지막으로 영국미술관의 변태 작품에 대해 소개하겠다. 2004년, 영국의 유명한 미술관은 90개의 깡통 속에 대변을 밀봉한 작품을 2만 5,000달러(약 3,000만 원)에 매입했다.

피에르 만초니
〈예술가의 똥 no.20〉
1961

이 작품은 피에르 만조니Piero Manzoni의 〈예술가의 똥〉이
라 명명한 작품이었다. 깡통의 바깥에는 이렇게 쓰여 있다.

예술가의 똥, 정량 30그램, 원상태로 보존됨, 1961년 5월 생
산되어 깡통에 넣어짐.

자신의 똥값은 당시 같은 무게의 금값과 같이 매겼다.

한 남학생이 치마를 입고 내 수업시간에 들어왔다. 그 모
습을 본 나는 무척 재미있어서 칭찬하며 앞으로 불러냈다.
평소에도 변태 행동을 많이 하는 학생이었다. 그 학생에게
교실을 런웨이 삼아서 패션모델처럼 한 바퀴 돌아보라고 했
다. 교실이 한바탕 뒤집어졌다.

그런데 어느 날 그 학생의 스타일과 행동이 평범해졌다.
그 학생은 한때 영국 축구선수 베컴이 유행시킨 모히칸 머
리스타일을 하고 학교를 다니기도 했다. 그런데 모범생스타

일로 확 변한 것이다. 이상해서 자초지정을 물어보니, 집에서는 어머니와 아버지가 반대하고 학교에서는 모든 교수님들이 반대하여 평범한 스타일로 바꿨다고 한다. 칭찬해준 사람은 오로지 나뿐이었다고 한다. 그 이야기를 들으니 마음이 무척 아팠다. 학교가 가장 보수적인 사회이긴 하지만 이정도일 줄은 몰랐다. 언젠가 그 학생이 안타까운 나의 마음을 이해해주었으면 한다.

직장인 여러분들이 창의고수가 되기를 원하고 스스로 생각하기에 '바른생활 직장인'이라면 생각된다면 이제부터 변해야 한다. 남과 다른 생각과 행동을 하는 변태 고수가 되어야 한다. 그것이 어떤 모양이든 상관없다. 정태적인 사람에겐 평범한 생각이 나오고 변태적인 사람에겐 특별하고 기발한 생각이 나오는 것이다.

직장동료들과 친구들에게 한번 변태라고 낙인찍히면 여러분은 자유를 얻게 된다. 괴상하고 비정상적인 행동을 자유롭게 할 수 있는 특권을 얻게 될 것이다. 처음 시도하기가 힘들다. 한번 '괴상한 변태'라고 낙인찍히면 자유로운 생각과 행동을 아주 쉽게 할 특권을 획득하게 될 것이다. 그리고 미래의 어느 날 여러분은 창의고수로 변해있는 자신을 발견하게 될 것이다.

변태 같은 생각과 행동을 자유롭게 하는 것이 창의고수 스타일이다.

11 자유로운 영혼이 되어라

후회했던 선택을 한 적이 있다. 미국 유학을 마치고 한국에 귀국할 때 이삿짐을 정리하면서 일제 대형 텔레비전을 구입해온 것이다. 대형브라운관 TV는 얼마나 크고 무거운지 네 명이 들어야 겨우 움직일 정도다. 금액도 당시 거금을 지불했다. 10여 년의 세월이 지나고 보니, 더 가볍고 더 싼 가격의 벽걸이 TV가 삼성에서 나올지 어떻게 알았겠는가?

잘한 선택도 있었다. 당시 짐을 싸면서 컨테이너 용량 문제로 컴퓨터와 엔틱 의자 중 하나를 선택해야만 했는데 망설임 없이 그 엔틱 의자를 선택했다. 컴퓨터는 엔틱 의자보다 50배나 비쌌다. 하지만 그 엔틱 의자는 돈으로 따질 수 없는 좋은 추억이 묻어 있었다. 그렇게 선택받은, 세상에 하나밖에 없을법한 그 바로크 스타일의 목재의자는 지금 내 서재에서 나와 같이 동고동락하고 있다. 물론 컴퓨터는 버린 것은 아니다. 아는 유학생에게 선물했다.

창의고수가 되려면 금전적 이익보다 '비물질적인 가치'를 우선시하는 태도가 필요하다. 이런 태도가 일반인과 구별되는 창의고수의 고유한 가치관이다.

**진정한
자유란?**

사람들은 보통 예술가는 '자유로운 영혼을 가져야 한다'고 말한다. 진정한 자유란 무엇일까? 무엇이든지 마음대로 하는 것일까? 진정한 자유란 시적으로 말하면 '바람같이 되는 것'이다. 생각이나 행동이 어느 곳에 집착하여 얽매이지 않고 바람처럼 자유롭게 넘나드는 것이다. 그런 아티스트를 '자유로운 영혼을 가졌다'라고 말한다.

이는 동양철학에서 중용과 유사한 개념이다. 사람들은 중용이라 하면 중간에서 균형을 잡고 좌나 우나 어느 한쪽에도 치우치지 않고 조심조심 눈치 보며 사는 것이라 여긴다. 하지만 동양철학자들에 의하면, 진정한 중용이란 양끝단을 모두 경험하고 충분히 이해한 후에 아무것에도 집착하지 않고, 생각과 행동이 자유로운 것을 진정한 중용이라 정의한다.

현대미술작가 마르셀 뒤샹을 보면 진정한 자유로운 영혼을 소유한 아티스트란 무엇인지 알 수 있다. 초현실주의의 정신적 지주였던 앙드레 브르통은 뒤샹의 일화를 이렇게 소개한다.[38]

나는 뒤샹이 대단한 일을 한 것을 본적이 있다. 그는 동전을 허공에 던지고는 이렇게 말하는 것을 보았다.
"앞면이 나오면 미국으로 가고, 뒷면이 나오면 파리에 머물겠어."

와우! 여행할 곳을 동전을 던져서 결정하다니. 이런 태도는 진정한 자유로운 영혼만이 할 수 있는 것이다.

여러분이 창의고수가 되려면 이런 '자유로운 영혼'을 가져야 한다. 돈, 명예, 지식, 자아, 성공 등에 대한 집착 없이 바람처럼 자유로워야 한다. 그렇게 될 때 진정한 창의고수가 될 수 있다. 진정한 자유로운 창의고수들의 하드코어 에피소드들을 소개해보자.

돈으로부터 자유로워라

세상에 돈을 싫어하는 사람이 있을까? 없을 거다. 하지만 창의고수들은 돈보다 정신적인 가치를 먼저 추구한다. 비디오아트의 창시자인 백남준에게 돈보다 더 중요한 것이 뭘까?

비디오아트의 창시자 백남준, 세계적인 아티스트로 모두가 그의 예술성의 위대함을 잘 알지만 그가 겪은 경제적 어려움은 잘 모른다. 1966년까지 백남준은 가족에게 경제적인 도움을 받았지만 그 이후 도움이 끊겨서 끼니도 걱정할 정도로 가난하게 살았다. 1967년부터 록펠러재단에서 1년에 1만 8,000달러(약 2,200만 원)의 경제적 후원으로 1984년에 발표된 〈굿모닝 미스터 오웰〉 때까지 살았다고 한다. 그렇게 경제적으로 어려운 상황에서도 그는 빚을 내면서까지 작품 활동을 했다.

그의 유치원 친구인 이경희와의 인터뷰 기사를 보면 당시의 백남준의 경제사정을 추측할 수 있다.

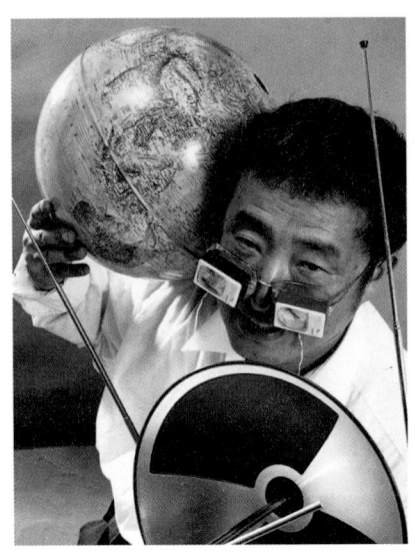

돈보다 예술적 성취를
추구한 백남준

빛 갚느라고 혼났어, 〈굿모닝 미스터 오웰〉은 내가 돈 들
여서 만든 거야. 20만 달러(2억 2,000만 원)를 들였지.
그동안 벌었던 돈 다 쓰고 빚 얻어서. 5월 15일까지 1만
5,000달러를 갚지 않으면 고소당하게 됐는데 마지막까지
돈이 안돼서 혼났어. 이제 다 갚고 200달러 남았어.[39]

왜 이런 멍청한 짓을 할까? 엄청난 돈을 들여 인공위성으
로 세계적인 미디어 쇼를 했지만 남은 건 빚 밖에 없다. 이
해가 되는가? 보통 사람들은 이해가 안 될 것이다. '그놈 미
친 거 아냐?'라고 생각할 것이다.

그러면 왜 백남준은 이런 행동을 할까? 그는 경제적 이익
보다는 '새로운 미적 예술 세계에 대한 탐구의 즐거움'을 추

구하기 때문이다. 돈에 집착하지 않고 예술적인 탐구와 성취를 우선적으로 추구했다. 이런 태도 때문에 그는 위대한 아티스트 반열에 오를 수 있었던 것이다.

영국 출신가수 U2 또한 상식적으로 이해가 안 되는 하드코어 에피소드가 있다. U2의 최고 히트곡이자 사랑의 찬가인 「웨얼 더 스트릿 헤브 네임」을 모 자동차회사 광고에 사용하려 했고 음악사용료로 2천 3백만 달러(약 260억 원)를 주겠다는 제안을 받았다. U2는 이를 거절했다. 팀의 보컬인 보노Bono는 이렇게 당시 상황을 설명한다.

"이 곡은 하나님이 직접 임재하시는 것 같은 경험을 하는 곡이며, 그 노래는 청중의 분위기를 사로잡고 사람들의 마음을 음악에 집중시킬 수 있는 곡이었다. 만약 이곡을 자동차 광고에 사용하면, 'U2가 자동차 광고음악을 연주하는 구나!'라고 말하는 모습을 듣고 싶지 않았기 때문에 거절했다."

후에 보노는 당시 상황을 자세히 말했다.

"저는 2,300달러의 돈이면 아프리카에서 얼마나 유용하게 사용될 수 있는지 잘 알고 있습니다. 그래서 그 제안을 물리치기 힘들었습니다. 하지만 팬들에게 사랑받는 음악의 고유성을 지키기 위해 우리는 그 돈을 거절했습니다."

이것이 진정한 창의고수의 태도다. 음악의 순수한 고유성을 돈보다 더 큰 가치로 보는 것, 이런 태도가 중요하다.[40]

인간이라면 돈에 집착하지 않고 자유로워지기는 힘든 일이다. 아티스트들도 인간이기에 누구나 욕망이 있고 욕심이 있기 마련이다. 하지만 창의고수가 되기 위해선 돈보다 더 큰 동기유발이 필요하다. 돈의 가치보다 더 높은 가치를 정신적인 것에서 찾을 줄 알아야한다.

여러분이 창의고수가 되고자 한다면 돈에 집착하지 않고 자유로워야 한다. 경제활동을 하는 직장인들에게는 쉽지 않겠지만 이런 가치관을 가져야 창의고수가 될 수 있다.

명예로부터
자유로워라

창의고수들은 명예에 대한 집착에서도 자유로워야 한다. 애플의 공동창업자인 스티브 워즈니악, 그는 초등학교 5학년 아이들에게 컴퓨터를 가르치는 일을 자발적으로 했다. 그 일로 경제적 이익이 생기는 것도 아니요, 명예를 위한 일도 아니었다. 단지 그 일이 하고 싶었고 좋아서 했다고 한다.

"내 인생에서 애플과는 별개로 하고 싶었던 일이다. 이미 6학년 때 5학년 선생님이 되겠다고 마음먹었으니까. 그래서 캘리포니아 주 로스가토스라는 곳에서 5학년 아이들에게 컴퓨터를 가르쳤다. 또 우리 동네 6학년부터 8학년 학생들의 선생님들에게도 컴퓨터를 가르쳤다. 일주일에 하루도 빠짐없이 수업을 하느라 무척 바빴지만, 늘 하고 싶었던 일이었다."[41]

왜 이런 일을 할까? 바쁜 스케줄을 쪼개서 초등학생에게 컴퓨터를 가르치는 이유가 뭘까? 엄청난 돈을 포기하고 사회에 기부한 이유는 뭘까? 쉽게 이해하지 못하겠지만 돈이

나 명예에서 자유로워지고 싶은 것이다. 아이들과 함께 즐거운 시간을 보내는 것이 그에게는 돈과 명예보다 더 소중하고 큰 가치가 있다고 생각했던 것이다.

미국 건축가 스티븐 홀 또한 명예에 대한 욕심이 없다.[42]

"상을 받으면 성공한 것일까? 나는 여러 차례 상을 받아서 감사하게 생각하지만, 한편으로는 상이란 대부분 영향력을 행사하고 싶은 조직들의 의사표시에 불과하다는 것이 내 생각이다. 돈이 성공의 척도일까? 나는 그렇지 않다고 생각한다. 나는 절대로 금전적인 차원에서 성공을 논하지 않는다."

창의고수에게는 성공의 조건 속에 돈이나 명예가 포함되지 않는다. 창의고수들은 말한다.

"단지 돈을 벌고 유명세를 위해 노력하는 아티스트라면 창의고수가 될 수 없다."

창의고수가 되기 위해서는 돈과 명예보다 더 큰 내면의 동기유발이 있어야만 한다. 이런 가치관이 보통 사람들과 창의고수가 구별되는 것이다.

어떤 것에도 집착하지 마라

지위와 신분에 집착하여 자유롭지 못한 사람들이 참 많다. 사장님이나 부장님은 지위와 명예에 얽매여 행동에 제약이 참 많다. 지위와 체면 때문에 쉽게 재래시장 노점에서 칼국수 한 그릇 먹지 못하고, 버스나 지하철 타는 것도 힘들어한다. 청바지 같은 편한 옷을 입지 못하고 어느 곳을 가던지

정장만 차려입고 다닌다. 스스로 신분의 감옥에 갇혀서 그렇게 불편하게 산다.

나이에 있어서도 자유롭지 못하다. 나이에 맞게 행동하려는 사회의 시선과 관습에서부터 자유로워져야 한다. 어린아이와 즐겁게 놀 줄 알고, 청소년들과도 농담하며 즐겁게 이야기를 할 줄도 알고, 노인들과도 즐겁게 지낼 줄 알아야 한다. 어린아이와 신나게 놀지 못하는 사람들이 보통 창의적이지 못하다. 나이 때문에 사고나 행동에 제약이 있다면 '자유로운 영혼'을 가진 창의고수가 될 수 없다.

문화에서도 자유로워야 한다. 그저 한국적인 것만 최고라고 집착하는 것은 문화적인 시각에서 자유롭지 못한 태도다. 외국 여행가면 꼭 한국 음식점을 찾는 사람들이 있다. 심지어 고추장, 김치 같은 한국 음식을 가져가는 사람들도 있다. 한국 음식에만 집착한 나머지 다른 나라 음식을 먹으려 하질 않는다. 그러려면 왜 여행 갔을까? 여행 지역 문화의 장단점을 비교하면서 새로운 관점을 가지려고 시도해야 한다. 한국적인 문화에만 집착하는 태도는 다른 것을 수용하지 못하게 만들고 편협한 시각을 만든다. 그래서 국수주의적인 애국자는 위험한 것이다.

사람에게도 집착하지 않고 자유로워야 한다. 여러분에게 연인이나 배우자가 있다면 그 사람에게 집착하지 않아야 한다. 연인이나 부부가 헤어지는 가장 많은 사례가 지나친 집착 때문이다. 혼자서 즐겁고 행복하지 않은 사람은 상대방에게 의지하게 된다. 하지만 상대방이 나의 부족한 행복을 채워주는 데는 한계가 있다. 반드시 실망하게 된다. 연인이나 배우자에 의존하지 말고 스스로 행복해지려고 노력해야 한다.

이외에도 집착하는 것 때문에 자유롭지 못한 것이 많지만 이 정도로 끝내자. 선택은 여러분에게 달렸다. 여러분들이 창의고수가 되어 행복하고 성공적인 라이프스타일을 갖고 싶다면 '자유로운 영혼'이 되어야 한다.

어떤 것에도 집착하지 않고 '자유로운 영혼'이 될 때 여러분은 어느 날 창의고수가 되어 있을 것이다.

나만의 스타일을 완성하라

나는 내 콧수염이 내 인생을 바꿨다고 믿는다. 내 콧수염이 나를 창의적이고, 독창적인 사람으로 만들었다고 믿는다.

처음 콧수염을 기를 때 많은 반대에 부딪혔다. 가장 먼저 장모님과 장인어른의 반대가 있었고, 학교에선 선임교수들이 한마디씩 눈치를 주고, 주변에 있는 선배 작가들의 반대가 있었고, 마지막으론 미국에 있는 아내가 국제전화로 반대의사를 표현한다. 그리고 내 콧수염은 여름방학 미국방문에서 도마 위에 올랐다.

뉴욕 JFK공항에서 만난 아내와 딸은 내 얼굴을 보자마자 내 콧수염을 문제 삼고 반대했다. 그렇게 믿었던 딸도 엄마 편을 들며 나를 섭섭하게 한다. 그리고 결정적인 한마디가 나를 두렵게 했다.

"밤에 잘 때 몰래 밀어버려야지……."

잠새 불안해서 잠을 못 잤다. 그리고 내 콧수염이 없어지는 악몽을 꿨다. 새벽에 놀라서 벌떡 일어나서 코밑을 만져보니 그대로 있었다. 꿈이었다. 소리 지르며 벌떡 일어났는데도 아내는 세상 모르게 자고 있었다.

다음날 아침, 난 아내에게 악몽 이야기를 했고, 아내는 웃으면서 안심시킨다.

"안 자를 테니까 걱정마세요. 호호."

하여튼 난 이렇게 수많은 저항으로부터 꿋꿋이 내 콧수염을 지켜냈다. 현재까지 내 털들은 무사히 코밑에 달려있다.

이 콧수염 사수사건에서 나는 얻은 것이 많다. 심리적으로는 나만의 주관이 분명해졌다는 것이다. 난 내 콧수염은 다른 사람과 구별되는 신호라고 생각한다. 물론 요즘 패션 트렌드가 '클래식 빈티지'라 젊은이들 사이엔 콧수염을 많이 기르지만 내게는 나만의 차별화를 확립하는 표시다.

난 평소 평범해 보이는 내 얼굴이 마음에 들지 않는다. 단체 사진에서 내 얼굴을 찾기가 어려운 것이 늘 불만이었다. 마침내 콧수염으로 난 평범한 사람이 아니라는 신호를 할 수 있어서 좋다. 콧수염 덕분에 처음 보는 사람들은 내가 평범하지 않은 사람이며 내게서 특별한 생각이나 행동을 은근히 기대하는데, 그런 점도 좋다. 내 콧수염이 생긴 후 남과 구별되는 창의적인 행동을 더 많이 하게 되었다.

즉 나만의 차별화된 스타일을 가진다는 것은, 남과 구별된 차별화를 통해 사회적으로 성공한 사람이란 것이다. 일종의 사회적으로 개성적인 존재감을 확고히 인정받는 것과 같은 것이다. 마케팅적으로 말하면 차별된 사회적 포지셔닝에 성공했다고 말할 수 있다.

이제는 콧수염이 잘 어울린다고 한다. 최근에 받은 아내

와의 전화통화에서 옛날 콧수염 없는 사진을 우연히 보고
는 현재의 모습과 비교했던 모양이다. 이제는 콧수염 있는
모습이 더 낫다고 한다. 나는 오래전부터 그렇게 생각했다.

재능보다 스타일이 더 중요하다

창조경제시대에서는 재능보다 스타일이 더 중요하다. 특히
문화·예술 분야에서는 더욱 그렇다. 스타일 때문에 재능이
묻히거나 스타일 때문에 성공하는 케이스들이 너무 많다.

뉴욕에 살면서 현대미술작가로 활동하고 있는 재미작가
인 변종곤 작가는 스타일을 굉장히 중요하게 여긴다. 그 또
한 뛰어난 스타일 감각의 소유자로 미술계에서 잘 알려져
있다. 한번은 뉴욕 퀸즈에 있는 선생의 작업실을 방문한 적
이 있었는데 깨끗이 닦여져서 가지런히 놓여있는 수십 켤
레의 구두들을 보고 그 수에 한 번 놀라고 그 취향에 두 번
놀랐었다.

그런 그가 한번은 나와 만난자리에 이런 얘길 한다.

"가끔 젊은 작가들이 자기 작품을 보여주려고 내게 스튜
디오 방문을 요청하는데, 어떨 땐 전혀 가보고 싶지 않을 때
가 있어. 왜냐하면 그 작가의 외모와 스타일을 보면 작품이
기대가 되지 않아요. 작가가 매력이 없으면 작품 역시 매력
이 없는 경우가 대부분이거든."

이렇게 스타일이 중요하다. 작품을 보기 전에 이미 그의
재능이 판정 났다. 나도 선생의 생각에 동의한다. 예술가들

의 비주얼적인 스타일과 작품은 밀접한 상관관계가 있다고 믿기 때문이다.

예전에는 아티스트들이 외모나 스타일보다 작품에만 신경을 썼지만 이제는 아니다. 만약 당신의 외모 때문에 패션 매거진에 기고할 예정이던 에세이가 삭제되었다면 정말 놀라고 화가 날 것이다. 하지만 놀라지 마시라. 실제로 이런 일이 현장에서 많이 일어나고 있으니까.

미국《보그》편집장인 안나 원투어Anna Wintour는 인터뷰 대상이 매력적이지 못하거나 뚱뚱하면 그 기사도 없던 걸로 해버렸다고 한다. 한번은 재능 있는 작가가 쓴 에세이를 잡지에서 삭제했는데, 그 이유가 작가의 얼굴사진을 보더니 "《보그》를 빛내주지 못한다"라고 판단해서였다. 담당 에디터가 "작가의 외모보다는 글이 중요하다"고 아무리 항변해도 소용없었다고 한다.[43]

스타일 추구를
중시하는
안나 원투어

안나의 이런 태도를 나는 이해한다. 그녀의 관심은 스타일 추구였다. 스타일은 단순히 옷 입는 것만을 정의하는 것이 아니다. 시각적이고, 감각적이며, 총체적인 라이프스타일이다. 논리적인 글 보다는 시각적으로 다가오는 총체적인 느낌이 스타일이고 그것이 에세이보다 더 중요하다고 생각했던 것이다.

스타일로 승부하라

가수 역시 노래 실력보다 스타일이 좋아 성공하는 경우가 많다. 쉽게 동의하지 못하겠지만, 사실이다. 최고정상급 가수가 되면 최상의 기교와 재능은 반드시 가져야 하고, 피나는 연습은 기본이다. 외모 또한 수준급이고, 노래와 춤도 수준이 비슷비슷하다. 경쟁이 치열하니 차별화를 주려고 아무리 노력해도 큰 차이가 나지 않는다.

이런 극한 상황에선 스타일로 승부해야 한다. 레이디 가가Lady Gaga가 그렇게 했고 차별화된 포지셔닝에 성공했다. 생소고기로 드레스를 만들어 입고 공식석상에 나타났다면?

2010년 9월 12일, MTV 올해의 비디오상 수상 무대에 그녀는 머리에서 발끝까지 생소고기 패션으로 우아하게 등장했다. 머리에는 스테이크를 쓰고, 소고기를 얇게 썰어 만든 드레스를 입고, 생고기로 덮인 하이힐을 신고 사진기자들 앞에 포즈를 취하며 이를 즐겼다. 레이디 가가다운 패션이었다.

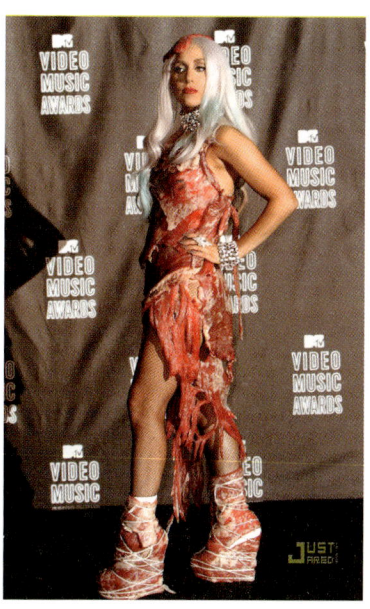

숱한 논란을
불러일으켰던
레이디 가가의 생고기
드레스

언론들은 이 사진을 앞 다투어 보도했고 센세이셔널한
찬반 논쟁이 사회각계에서 벌어졌다. 동물보호단체PETA와
채식주의자들이 비난 대열에 합류했고, 패션계에서는 반여
성적인 '혁명적 패션'이라고 찬사를 보냈다.《타임》은 이 생
고기 드레스를 '올해의 패션'으로 선정하며 격려했다. 이 드
레스를 만들었던 디자이너는 단숨에 스타가 되었다.

레이디 가가는 스타일에 모든 것을 건다. "나는 의상을 입
기 위해 노래를 만든다"고 말할 정도다. 또한 "하이힐을 신
지 않은 나의 모습을 남이 보면 차라리 죽는 게 낫다"고 할
정도로 스타일에 광적이다.

레이디 가가는 패셔니스타로 만족하지 않고 사회·정치적
이슈를 패션으로 발언한다. '엘렌쇼'에서 앞의 생고기 드레

스는 "게이 병사들의 권리에 대한 정부의 제재에 반대의견을 표현한 것"이라고 주장했다. 미군 병영 내의 "묻지도 말고 발설하지도 말라"는 정책에 항의하기 위함이었다.

스타일에서는 레이디 가가는 가히 독창적이다. 그렇다고 가가가 음악적 재능이 떨어지는 것은 아니다. 가가는 뛰어난 작곡가다. 요점은 다른 경쟁가수들이 자신들의 독자적인 스타일을 버리고 가가를 카피한다는 것이다. 리한나, 비욘세, 크리스티나 아길레라 등이 점점 가가 스타일과 비슷해진다. 가가를 무시했던 아길레라도 '가가화' 되고 있고, 미국의 대중음악 전문잡지 《롤링스톤》은 "마일리 사이러스와 아길레라가 가가를 따라하느라 음악까지 망쳤다."고 평했다. 비욘세가 뮤직비디오에서 가가가 쓰던 검정 선글라스와 페티시 룩을 입자 한 언론은 "가가가 영향을 끼친 나쁜 사례"라고 꼬집었다. 이렇게 레이디 가가는 최고의 창의적 스타일로 다른 가수들과 차별화하는 데 성공했다.

스타일은 단지 패션만이 아니라 라이프스타일이다. "음악은 쉽게 다운로드받을 수 있지만 라이프스타일은 쉽게 다운로드받을 수 없다. 그래서 나의 패션은 라이프스타일이다"라고 가가는 주장한다. 현대의 아티스트는 새로운 라이프스타일을 제안하는 예술가가 되어야 한다. 매력적인 라이프스타일을 창조하고 제안해야 성공할 수 있다.

그건 그렇고, 생고기 드레스를 디자인한 '미스터 가가'로 불리는 니콜라 포미체티Nicola Formichetti의 사진을 찾아서 보니 어딘가 안면이 있다. 자세히 보니 내 딸의 페이스 북에서 어깨동무를 하고 같이 찍은 사진 속 그 놈이었다. 패션쇼에 아르바이트 간다더니, 그곳에서 만났던 것 같다. 이런 이유로 다들 뉴욕에서 공부하고 싶어 하는 것 같다.

나만의
스타일을
만들어라

스타일은 생각의 표현이다. 독창적인 스타일을 추구한다는 것은 창의고수가 되는 필수요건이다. 스타일이 평범하면 생각도 평범하며 스타일이 독창적이면 생각도 독창적으로 변한다. 평범한 남성에게 예비군복을 입히면 모두 무능하고 수동적으로 행동한다. 심지어 걸음걸이까지 갈지자로 바뀐다.

하지만 똑같은 남성에게 아티스트 스타일로 옷을 바꿔 입히면 재미있고 창의적인 사람으로 바뀌게 된다. 이것이 스타일의 힘이다. 의상이 바뀌면 생각이 바뀐다는 것은 진리다.

당연히 창의고수들은 그들의 독창적인 생각만큼이나 독창적인 스타일을 가지고 있다. 하이메 아욘Jamie Hayon은 1997년 베네통 산하의 디자인 연구소인 파프리카의 수석디자이너를 거쳐, 현재 아욘 스튜디오를 설립하고 활동 중인 스페인을 대표하는 디자이너다. 그는 각기 다른 짝짝이 신발이나 양말을 즐겨 신는 것이 그의 시그니처 룩이다. 수년 동안 노력의 결과로 완성한 그만의 유니크한 스타일이다.

"나의 스타일은 굉장히 개인적입니다. 나는 내가 사랑하는 몇 가지 핵심 아이템들을 발전시켰는데, 이를테면 안경,

자신만의 독창적인
스타일을
추구하는 디자이너
하이메 아욘

WONDER
JAIME HAYON
WORLD

양말 그리고 신발이 그 예들이지요. 나는 이런 방식의 옷차림을 수년 동안 해왔고, 이렇게 입은 나 자신이 매우 편안하게 느껴집니다. 나답게 느껴지거든요."

창의고수들은 그만의 스타일을 창조하기 위해 엄청난 노력을 기울인다. 만약 누군가가 그들의 스타일을 비하하거나 침해하면 자존심이 침해받았다고 생각하고 화를 낸다. 칼 라거펠트가 그런 아티스트 중에 한 사람이다.

칼 라거펠트는 매 시즌 마다 세 개의 브랜드(샤넬, 끌로에, 칼 라거펠트)를 동시에 런칭시키는 패션계의 슈퍼창의고수다.

놀라운 것은 그의 다이어트 노력이다. 13개월 만에 무려 47kg을 감량하고서 지금의 마른 체형을 유지하고 있다. 엄청난 자기관리능력으로 그만의 체형을 유지하고 스타일을 관리하고 있는 것이다.

그런 그는 무슨 옷을 입을까?

자신만의 분명한
스타일이 있는
칼 라거펠트

"나의 최근 유니폼은 두 가지 룩이다. 디올에서 만든 테일 달린 스페셜 재킷과 또 다른 재킷이 하나 더 있는데 새로운 맨즈 컬렉션 제품으로 너무 맘에 들어 다섯 벌을 샀다. 사람들은 내가 매일 같은 옷을 입고 다닌다고 생각하지만, 사실 같은 옷을 입는 날은 단 하루도 없다."

그의 트레이드마크는 백발에 꽁지머리 그리고 선글라스다(본래는 회색 머리지만 매일 염색을 한다). 헬기를 타고 하늘에서 봐도 그를 쉽게 찾을 수 있을 정도로 개성이 뚜렷한 그만의 스타일을 가지고 있다.

그런 그에게 언젠가 한 기자가 "무례하게 선글라스를 벗으라"고 요청했다. 그는 자존심이 상했고 화가 났다. 그 기자는 스타일의 중요성을 모르는 무식한 기자였다. 라거펠트는 화가 나서 이렇게 일침을 놓는다.

"내가 당신에게 브라를 벗어달라고 부탁하나요?"[44]

　　창의고수들은 공통적으로 자신들만의 독창적이고 창의
적인 스타일 만들기에 성공하고 있다. 패션디자이너 앙드레
김 하면 흰색 옷이 떠오르며, 앤디 워홀 하면 괴상하고 다
양한 인조 가발을 쓴 모습이 떠오르며, 요셉 보이스Joseph
Beuys하면 조끼와 중절모자가 떠오르고, 살바도르 달리
Salvador Domingo Felipe하면 양옆으로 말아 올린 기괴한 콧
수염으로 유명하며, 찰리 채플린 하면 중절모와 짧은 콧수
염이 떠오른다.

**스타일이
없으면
창의력도 없다**

스타일 때문에 불이익을 당하는 것은 아티스트뿐만 아니다.
한 광고업체는 신입사원의 외형적인 스타일로 여성지원자의
90%를 탈락시킨다고 한다. 갈고 닦은 지식과 재능을 펼칠
기회도 없이 탈락이다. 억울해 할 것 없다. 스타일의 중요성

을 깨닫지 못한 여러분의 무지의 결과라고 자책해야 한다.

여러분이 스타일 때문에 커리어에 불이익을 당했다면? 온전히 여러분 잘못이다. 아티스트라면 당연히 비주얼적인 스타일을 가지고 독창적인 스타일을 만들어야 한다.

직장인도 마찬가지다 여러분의 스타일이 남과 구별되지 않고 평범하다면 여러분의 이마에 '창의력 없는 평범남'이라고 써 붙이고 다니는 것과 같다. 창의사회에서는 평범한 스타일은 무능함의 표시를 하고 다니는 것이다. 만약 여러분이 취업준비생이라면 취업 스펙을 쌓을 것이 아니라 본인의 스타일을 먼저 뚜렷하게 쌓는 것이 현명한 방법이다.

창의고수들처럼 매력적인 스타일을 만들기 위해서 어떻게 해야 할까? 그 사람의 라이프스타일이 표현되는 것이 최고의 스타일이다. 단순하게 옷 잘 입는 패션만이 아니다. 말하는 스타일, 옷 입는 스타일, 행동하는 스타일, 일하는 스타일 등 삶에 대한 총체적인 이미지가 그 사람의 비주얼적인 스타일에 표현이 되어야 진정한 스타일 창조자다.

독창적이고 매력적인 라이프스타일을 소유하는 것이 창의고수 스타일이다.

제4부

세상을 최고로 즐겨라, 세계를 리드할 것이다

다른 사람들은 허리가 아프도록

힘들고 지루한 일을 하고 있을 때

그들은 자신이 좋아하는 일을 하는 사치를 누린다고

생각하며 즐겁게 일한다.

……

자기가 즐겁고 행복을 느끼지 못하는 직업에서는

절대로 세계적인 수준에 오르지 못한다.

_마하이 칙센트미하이, 『창의성의 즐거움』 중에서

철들지 마라, 죽을 때까지

학생들에게 철없는 행동을 하고 인증 샷을 추가해서 제출하는 주간과제를 내주었다. 그 가운데 가장 재미있었던 것은 노재영 학생의 리포트였다. 너무 재미있어서 여기 소개해 본다.

10년 지기 친구이자 나를 가장 잘 따르는 신냐의 집에 방문하기로 결심했다. 신냐는 다름 아닌 우리 집 개이고 나와 안지는 무려 10년이 되어간다. 하지만 한 번도 그의 집에 방문해본 적이 없다. 그럴 일을 상상할 수 없었다. 하지만 이번 과제를 계기로 그의 집에 한번 들어가 봤는데 생각보다 좁고 냄새가 심했다. 명색이 그의 친구인 내가 실내인테리어 디자인과 학생인데 말이다.

그래서 새롭게 세운 계획 하나가 그의 집을 구조 변경해주는 것으로 잡았다. 식사를 할 수 있는 공간과 그의 배설 습관을 고쳐줄 화장실과 내가 들어 갈 수 있도록 접대용 방도 설계하리라 생각하게 되었다. 그의 표정을 보니 내가 자기 집에 들어가는 것을 매우 기쁘게 생각하는 듯 했다. 반

'철 없는 행동'에 대한
노재영 학생의 리포트
중에서

가움의 표시로 나의 얼굴 구석구석 딥키스를 하는 바람에
내 피부에 트러블이 난 것 빼곤 매우 즐거운 방문이었다.

소설가 이외수가 가난했던 젊은 시절 너무 추워서 개집
에 기어들어가 잠을 잔적이 있다고 들었는데, 이 학생은 과
제 때문에 자진해서 개집에 들어갔다. 다행히 개똥 냄새나
는 개집에서 많은 생산적인 생각을 해냈다. 개집에 직접 들
어가 체험하고 전공을 살려서 인테리어 디자인에 대한 다양
한 생각들을 한 것을 보면 앞으로 미래가 무척 기대되는 학
생이다.

더욱 재미있는 것은 위의 사진을 학생의 어머니가 찍었다
고 한다. 아들은 개집에 자진해서 들어가고 어머니는 깔깔
거리며 재미있다고 사진을 찍어주는 상상을 해보면 참 자유
로운 가정 분위기란 생각이 든다. 수업시간에 이 학생의 과
감한 아이디어와 실천의 남다름을 전체 학생이 보는 앞에서
격려하고 칭찬했다.

그런데 이런 생각이 들었다. 과연 청년들의 철없는 행동

에 대해 칭찬하는 것이 맞는 걸까? 기존의 가치관에서는 철 없는 어린아이 같은 행동을 가정과 학교에서 금지했다. 가정 교육이 안 된 버릇없는 행동이라고 엄하게 징계했다. 기존의 교육가치관과는 정면으로 위배되는 가치관이다.

왜 철없는 청년이 되어야 할까?

**철든
어른일수록
창의성이
없다**

'철든다'는 건 어떤 의미일까? 일반적으로 성인의 나이에 맞 는 현실적이고 상식적인 생각과 행동을 하는 사람을 '철들 었다'고 한다. 그러면 '철없다'는 것은 뭘까? '어른답지 않다' 는 의미다. 다 큰 어른이 아이처럼 비현실적으로 자유롭게 사고하고 행동하는 것을 부정적으로 지칭하는 말이다.

그럼 왜 아이처럼 철이 없어야 할까? 어른이 되면 창의 성이 사라지기 때문이다. 미국 컬럼비아대학의 조지 랜드 와 베스 자르민 교수가 어린이 1,600명을 대상으로 조사한 결과, 나이와 창의력의 관계에서 2-5세 어린이 중에는 무 려 98%, 8-10세 어린이 32%, 중학생인 13-15세에는 10%, 25세 이상 어른 중에서는 단 2%만 창의력의 천재성을 유지 했다고 보고한다.[45]

왜 어른이 될수록 창의력이 줄어들까? 그 과정을 자연의 학 전문가 이시형 박사는 이렇게 설명한다. 인간의 뇌는 크 게 2중 구조인 구피질과 신피질로 나누어진다고 한다. 어린 시절엔 본능적인 구피질의 기능으로 행동하지만, 성인이 되면서 후천적인 교육에 의해 새로 발달된 신피질이 작동하면서 행동이 변하기 시작한다. 구피질은 본능적인 야성의 기질이고, 신피질은 교육에 의해 강화된 훈련된 모범생기질인데, 이 교육된 모범생은 힘이 강해서 구피질의 활동을 억누른다고 한다. 본능적인 구피질인 본성이 좋아도 참고, 하기 싫은 일도 억지로 하면서 훈련되어가는 과정이 성인이 되어가는 과정이며, 조금씩 '재미없는 어른, 철든 어른'이 되어가기 때문에 창의력이 줄어든다고 한다.

그러니까 창의력이 발달하려면 기능이 축소되고 억압된 구피질의 기능이 회복되어야 한다. 구피질의 기능에 의해 행동하는 것이 바로 '철없이' 행동하는 것이다.

그동안 가정과 학교에서 아이들이 철없이 행동한다고 꾸짖었던 어머니와 선생님들은 생각을 바꿔야 한다. 자녀를 창조경제시대에 성공하며 살기를 원한다면 철없음을 간직하고 장려해야 한다.

철없는 생각과 행동들을 많이 하는 것, 그것이 창의고수 스타일이다. 창의사회에서는 어린아이의 천진난만한 생각들을 어른이 되어도 간직해야 성공할 수 있다. 직장에서나 학교에서 철없는 어른들이 많아야 우리나라가 성숙한 창의사회가 될 것이다.

우리가 아는 위대한 창의고수들 역시 하나같이 '철없음'을 찬양한다. 그들의 정신세계는 어린아이와 같이 자유롭고 천진무구하다. 몸은 성장했지만 생각은 성장이 멈춰서 어린

아이의 꿈과 상상의 세계를 간직했기 때문이다.

"라파엘로처럼 그림을 그리는데 4년이 걸렸지만, 어린아이처럼 그리기까지는 평생이 걸렸다."

-파블로 피카소Pablo Picasso

"철이 들까봐 겁이 난다. 특히 무대 위에서."   -가수 싸이

"나의 정신세계는 중학생 수준에 머물러 있다고 할 수 있다. 그 세계에서는 영화로 표현하고 싶은 것이 많다. 어느정도 성장이 멈춘 것이 창작에 도움이 된다고 생각한다."

-린타로林太郎, 일본 애니메이션 〈은하철도999〉 감독

**감정표현에
솔직하라**

철없는 창의고수들은 감정표현도 어린아이처럼 솔직하다. 참지 않고 어린아이처럼 웃고 싶을 때 웃고, 울고 싶을 때 펑펑 운다. 어린아이처럼 감정에 솔직하기 때문이다. 러시아 출신의 위대한 작곡가 차이코프스키Pyotr Il'yich Tchaikovsky 와 대문호 톨스토이Lev Nikolayevich Tolstoy가 그랬다.

1886년 12월, 모스크바에서 작곡가 차이코프스키의 현악 4중주 중 2악장 '안단테 칸타빌레'가 연주되었다. 청중 가운데는 대문호 톨스토이가 있었는데 이곡을 들으며 너무 감동받은 나머지 그는 눈물을 흘리고 있었다. 마침 이 광경

을 목격한 원곡 작곡가 차이코프스키는 그날의 느낌을 이렇게 표현한다.

"그때처럼 작곡가로서 긍지를 느끼는 일은 아마도 나의 생애에 두 번 다시 없을 것이다. 무엇보다 기쁜 일은 눈물이 흔한 남성이 나 말고도 또 있다는 사실이다."

톨스토이 못지않게 차이코프스키도 눈물이 많았다. 철없는 아이처럼 눈물이 많았다. 1891년, 미국 뉴욕에 초청을 받고 그곳에 도착한 차이코프스키는 첫날 일기에 이렇게 적고 있다.

"호텔에 들어와 여장을 푸니 비로소 마음이 안정되었다. 모든 일을 다 뒤로 미루고 우선 실컷 울었다. 그리고 목욕을 하고 저녁식사를 마친 후 외출을 했다."

두 천재 아티스트는 감정이 풍부한 나머지 시도 때도 없이 울고 다녔다. 직장인들이 창의고수가 되고자 한다면 어린 아이처럼 감정에 솔직해야 한다. 고속도로 휴게실 화장실 소변기 앞에 적혀있는 "남자가 흘리지 말아야 하는 것은 눈물만이 아닙니다"란 문구는 잘못된 것이다. 남자도 직장에서 마음껏 울고 마음껏 웃을 수 있어야 한다. 직장에서 철없는 어린아이처럼 '깔깔깔, 호호호' 웃음소리와 홀쩍홀쩍 감동의 눈물이 자유롭게 터져 나와야 한다.

그러면 창의고수들의 철없고 재미있는 위대한 에피소드들을 알아보자. 철든 어른들은 꿈도 꿀 수 없는 위대한 장난들이다.

**영원히
철들지 않는
창의고수들**

종이로 만든 배를 타고 영국의 테임즈 강을 건너면 어떨까? 철없는 아이 같은 생각이지만 독일 출신 아티스트인 프랭크 볼터Frank Bolter가 현실에서 실행에 옮겼다. 그는 2010년 11월 3일 '드리프트 10'이라는 비엔날레 미술전시에서 거대한 종이배를 타고 동부 런던의 카나리 워프 유역에서 출발하여 무사히 테임즈 강을 건넜다. 가라앉지 않고 강을 잘 건넜다.

이 소식은 영국의 《데일리매일》에 보도되었고 곧이어 전 세계 인터넷을 통해 퍼져나갔으며 그는 일약 스타가 되었다. 동화가 현실이 된 것이다. 그러고 보면 선진국일수록 이런 동화 같은 철없는 이벤트들을 현실에서 많이 경험할 수 있는 것 같다.

추상표현주의의 대표적인 화가인 잭슨 폴락의 철없는 이벤트도 유명하다. 그는 남의 저택 앞 정원에 잘 가꿔진 푸른 잔디밭에 거대한 그림을 그리고 싶었고, 망설임 없이 실행했다.

테임즈 강을
건너고 있는
독일 미술작가
프랭크 볼터

폴락의 집은 뉴욕 주의 동부에 있는 스프링에 있었는데 뉴욕 주 최고의 부자들이 사는 이스트 햄튼을 통과해서 가야만 했다. 어느 여름 비오는 날 폴락은 이 부자동네를 차를 타고 지나가다가 윌리엄 셀릭슨이라는 부유한 사업가의 대저택 정원에 깔끔하게 정돈된 푸른 잔디밭에 무작정 차를 몰고 들어가서는 이리저리 사정없이 뭉개고 다녔다. 그럴 때마다 잔디밭에는 기다란 바퀴 자국이 남았고 그 자리에는 재빨리 빗물이 고였다. 위에 있는 폴락의 그림과 유사한 그림을 잔디밭에 자동차 바퀴로 그려 놓은 것이다.

우하하하하하♪ 상상해보라. 여러분이 만약 폴락처럼 비오는 날 차를 몰고 잔디밭을 어린아이처럼 이러 저리 몰고 다닌다면 기분이 정말 상쾌하고 통쾌할 것이다. 이런 짓은 누구나 할 수 없는 일이다. 특히 철든 어른들은 상상도 못할 일이다.

경찰은 범인이 누구인지 곧 밝혀냈고, 화가 난 집주인은 경찰을 대동하고 폴락의 집으로 쳐들어갔다. 그러자 폴락은 의외로 당당하게 "당신이 세계 최대의 폴락 그림을 소유하고 있다"고 퉁명스럽게 말했다. 하지만 현실적인 셀릭슨은 농담을 받아들일 기분이 아니었고 폴락에게 잔디밭 보수비용으로 1만 달러(약 1,200만 원)를 요구했다. 그러자 폴락은 돈 대신 잔디밭에 서명을 하면 어떻겠냐고 제안하면서 이런 말을 했다.

"그러면 당신이 나한테 돈을 더 내야할 걸."

어쨌거나, 이후 대저택 주인은 배상금을 한 푼도 받지 못했다. 내가 집주인이라면 그 장난짓거리를 고스란히 보존하고 폴락에게 서명을 받아 안내판을 정원에 꼽아놓았을 것이다. 집값도 올라가고 관광수입도 올릴 절호의 기회였는데 말이다.

위대한 아티스트는 일상에서 일반인과 비교할 수 없는 무모하고 과감한 행동을 자유롭게 실행한다.

이번에는 영국 청년들의 철없지만 재미있는 일화를 소개한다.

천진난만함을 품어라

'택시를 타고 세계일주를 하면 요금이 얼마나 나올까?'

여행의 이유가 참 황당하고 천진난만하다. 런던의 한 술집에서 20대 중반의 영국 청년 세 명이 술을 마시다가 문득 아무 이유 없이 이런 의문을 가졌다. 이들은 그 황당한 질문이 너무나 궁금해서 곧바로 실행에 착수했고, 마침내 힘든 세계여행을 마치고 그 요금을 알아냈다. 얼마나 천진난만하고 멍청한 행동들인가?

장장 1년 3개월 동안 약 6만 9,000km를 달렸다. 세 명의 영국 청년들은 온라인 마켓에서 영국을 상징하는 '블랙 캡'을 2,000달러(약 229만 원)에 구입했는데 출고된 지 19년 된 중고 택시였다. 2011년 2월, 세 명의 얼간이들은 곧바로 택시미터기를 켜고 런던을 출발, 이라크, 에베레스트, 아시아를 거쳐 4대륙, 50개국을 달려서 2012년 5월 11일 런던에 다시 되돌아왔다.

이 과정에서 에피소드가 많다. 이란에서는 비밀경찰에게 "유대교 스파이가 아니냐?"는 추궁도 받았고, 체르노빌에서는 방독면을 쓰고 돌아다녔고, 핀란드 북극한계선에서는 추위와 싸웠고, 이라크 국경에서는 탈레반을 피해 다녀야 했고, 히말라야 산자락을 지나며 '세계 최장 택시탑승기록'을 갱신했고, 에베레스트 산 베이스캠프까지 택시를 몰아 '세계 최고도 택시운행기록(해발 5,300m)'으로 두 개의 세계신기록을 세웠다.

그럼 이들이 궁금했던 세계일주 택시요금은 영국 요금 기준으로 약 8만 프랑(약 1억 4,400만 원)이었다고 밝혔다.

재미있지 않은가? 그러고 보니 앞의 종이배를 타고 테임즈 강을 건넌 곳도 영국이고, 택시 여행도 영국 젊은이들이다. 오늘날 현대 미술계에선 영국 출신 아티스트들이 주도적인 활동을 하고 있는 것을 보면 이유가 있는 것 같다. 미래의 창조경제의 중요한 부분을 영국 출신 젊은이들이 이끌어 갈 것 같은 예감이 든다.

그러면 어떻게 이들처럼 천진난만하게 살 수 있을까?

죽을 때까지 청춘의 마음으로

일반적으로 "나이 값을 하라"고 하는데 나이 값을 하면 안 된다. 창의사회에서는 나이 값을 하지 말고 살아야 한다. 나이 값을 하는 어른들이 대부분 창의력 없고 따분하고 재미없는 인생을 산다.

나이개념을 바꿔야 한다. 실제 육체적 나이 대신에 희망나이를 세팅해놓고 그 나이에 맞게 살아야 한다. 자기가 원하는 희망나이를 정하고 그 나이에 맞는 사고와 행동을 하면서 살기를 시도해보길 추천한다.

패션디자이너 이상봉은 본인의 나이를 37세라 한다. 실제로는 약 60세가 넘었겠지만 스스로 37세라 생각하며 산다고 한다. 실제 나이를 찾으려고 검색해도 자료를 찾을 수가 없다. 그래서 이상봉은 육체적 나이와 상관없이 희망나이인 평생 37세의 생각과 행동을 하며 철없이 창의적이고 즐겁게 패션디자이너로서 살고 있다.

나는 이상봉 디자이너보다 두 살 적은 35세로 살고 있다. 왜 35세로 정했느냐고? 패션디자이너들이 옷을 만들 때

35세를 기준으로 만든다고 해서다. 35세는 25세와 45세의 중간나이로, 25세의 무모한 도전정신과 45세의 안정감을 동시에 지녔기 때문이라고 한다. 그런 태도가 마음에 든다. 그래서 나는 '무모한 도전과 균형 잡힌 현실감각', 두 가지 측면을 동시에 가지려고 희망나이를 35세에 맞춰서 살고 있다. 마치 '스포츠 세단'처럼 때론 스포티하게, 때론 중후하게 말이다.

물론 가끔 문제가 발생하기도 한다. 내 나이를 35세라고 말하면 "무슨 띠냐고?" 되묻는데 그게 헷갈린다. 나이는 항상 같은데 띠는 해마다 변하는 것을 생각하지 못해서 생긴 실수다.

이것이 철없이 사는 방법이다. 육체적 나이에 생각과 몸을 맞추는 것이 아니라 희망나이에 생각과 몸을 맞추고 사는 것이다. 나를 아는 많은 사람들은 내가 2% 부족한 어린

아이 같다고 한다. 그래도 좋다. 이렇게 사는 것이 내가 의도한 삶이고, 이런 방식이 남들과 다른 창의고수 라이프스타일이라서 좋다.

'내가 철이 없기는 많이 없는가 보다'고 혼자 생각하며 실실 웃었던 일이 있었다. 한번은 '남자의 자격'이란 프로그램을 보고 있는데 극중 30대 중반의 남자주인공이 20대들처럼 '스키니 진'을 한번 입어보는 것이 꿈이라고 말한다. 드라마 속에선 나보다 열 살이나 젊은 남자가 그게 꿈이라고 말한다. 이건 뭐지? 난 지금도 가끔 스키니 진을 입고 학교에 출근하고 수업하고 있는데? '내가 철이 없기는 많이 없구나.'라는 생각이 들었고 기분이 나쁘지는 않았다.

창의고수가 되고자 한다면 나이를 잊어버리고 철없이 행동하며 영원히 아이처럼 살아야 한다. 얼굴에 주름이 지고, 몸이 불편한 할머니 할아버지가 되어도 철없이 살면 얼마나 근사할까? 빨간 스포츠카를 몰고서 20대 청춘처럼 옆집할머니와 몰래 데이트하다 들켜서 도망 다니는 은발의 청춘이 되어도 좋다. 그렇게 사는 것이 창의고수 스타일이다.

내게 가장 기억에 남는 여행이 무엇일까? 곰곰이 생각해보니, 1989년, 대학 3학년 여름방학기간 여행했던 국내 배낭여행이 생각난다.

이 여행은 국내를 한 바퀴 도는 여정이었는데 51일이 걸렸다. 출발은 대구에서 시작했고 경주 보문단지를 거쳐서 남쪽으로 내려가 부산 광안리와 해운대 해수욕장을 거쳐서, 동쪽으로 울산과 포항에 갔었고, 북쪽으로 방향을 돌려 동해안으로 버스를 타고 올라가 강릉시내와 경포대에 갔다. 다시 서쪽에 있는 서울시에 도착했고 대학로에서 한동안 머물다가 출발지인 대구로 돌아왔다. 출발할 때는 한여름이었는데 돌아올 때는 초가을이 되었다.

여행기간 동안 몰골이 말이 아니었다. 풍부한 건 젊음의 열정이었지만 부족한 것은 모든 것이었다. 돈도 없고 경험도 없고 정신력도 부족했다. 모든 것을 자급자족했다. 여행기간 동안 의식주는 텐트 하나와 간단한 취사도구에 의지했다.

외로움과도 싸워야 했다. 처음 출발은 친한 대학친구 한 명과 같이 했는데 일주일정도 되니까 부산에서 그 친구는 야속하게도 건강을 핑계로 나를 배신하고 혼자 집으로 돌아갔다.

그래도 다행인 것은 여행경비 걱정은 안 해도 된 것이다. 내가 미술대 출신이니 손재주가 나를 살렸다. 돈이 필요할 때면 즉석에서 유원지나 시내 번화가에서 준비해간 도구로 초상화 아르바이트를 했다. 넉넉하진 않았지만 부족하지는 않았다.

에피소드가 많다. 가는 곳마다 다양한 친구를 만났고 새로운 경험을 했다. 부산 광안리에서는 그 지역 조폭 중간보스와 친해져서 같이 술 마시면서 보호자겸 친구가 되었고, 광안리 조폭사회에 대한 브리핑도 장시간 들었다. 포항에서는 밤에 여관방에 혼자 자는데 도둑이 들어서 뜬눈으로 두려움에 밤을 지새웠고, 강릉에서는 중국집 철가방 아저씨들의 숙소에 같이 자면서 고스톱치기로 여행경비를 모두 잃기도 했다. 좋았던 것은 여행지에서 초상화 그려준 아가씨들에게 주고받은 연락처로 인해 남은 대학생활이 즐겁고 풍성했던 것이다. 당시는 싱글이었으니 싱글라이프를 충분히 즐겼었다.

이 여행에서 내가 얻은 것은 두 가지다. '삶에 대한 자신감'과 '미래직업에 대한 확신'이다. 자신감은 배낭여행 하는 동안 매순간 모든 것을 스스로 계획하고 실행하는 경험을 통해서 얻었다. 세상에 나 혼자 던져져서 매순간 무엇을 먹고, 어디서 자고, 무슨 일을 할 것인지를 스스로 계획하고 행동했던 경험이 내게 독립심과 자신감을 키워주었다.

'미래직업에 대한 확신'은 여행 중에 깨달았다. 여행 중에 문득 이런 생각이 들었다. 아티스트 직업을 가지고 평생을 산다는 것은 어쩌면 지금하고 있는 이 '배낭여행자의 삶'과 유사하지 않을까? 하는 생각이 들었다. 이렇게 그림을 그려서 돈을 벌어 생활하며 사람들과 세상을 즐기면서 사는 것도 나쁘지 않다는 확신이 들었다. 가난한 것과 외로운 것도 견딜만 했다.

이때 생긴 확신은 '나에게 가장 행복한 인생이 아티스트로서 사는 것'이라는 것이다. 그때의 그 국내 배낭여행은 내 인생에서 가장 중요한 여행이 되었다.

창의고수가 되기 위해서는 몸 공부 여행을 반드시, 그것도 가능한 많이 해야 한다.

반드시 몸 공부 여행을 하라

배움에는 학교에서 책으로 하는 간접공부인 서학書學이 있고, 현실에서 몸으로 배우는 직접공부인 수학修學이 있다. 창의고수가 되기 위해서는 책으로 하는 공부도 필요하지만 몸으로 배우는 수학과 수학여행이 반드시 필요하다. 책으로 힘들고 어려운 박사학위를 취득했더라도 창의박사는 될 수 없다. 그런 이유로 예술실기 분야에는 박사학위가 없다. 있더라고 예술계에서는 그렇게 인정하지 않는다. 여러분이 진정한 창의고수가 되고자 한다면 현실에서 몸으로 부딪히는 수학과 수학여행을 최대한 많이 해야 한다. 고시원에서 가방을 챙겨들고 뛰쳐나와서 세상으로 뛰어들어야 한다.

최근에 북한을 방문하며 화제에 오르고 있는 에릭 슈미트Eric Schmidt 구글 회장 또한 2012년 한국 연세대학에서 있었던 강연에서 몸 공부 여행을 강조했다.

"이 넓은 세상을 직접 경험하셔야 해요. 그냥 TV만으로 모든 나라를 이해한다고 할 수는 없습니다. 실제로 가봐야 합니다. 여권을 들고 말이에요. 그래서 저는 사람들에게 항상 비행기 값이 비싸지 않으니 여권을 챙겨서 직접 세계로 돌아다녀 보라고 말합니다."

중국의 명나라 때 유명한 화가이자 미학자였던 동기창董其昌도 수학여행의 중요성을 강조한다.

독만권서 행만리로讀萬券書 行萬里路
만 권의 책을 읽고 만 리의 여행을 한다.

정리해보면 화가가 되기 위해서는 선천적으로 타고나야 하지만 후천적으로 예술가가 되기 위해서는 만권의 책을 읽고 만리의 여행을 해야 가능하다고 그의 화론에서 주장한다. 뛰어난 화가가 되기 위해서는 책 공부만으로는 부족하니 반드시 몸 공부 여행이 필수사항임을 500년 전 중국에서도 강조했던 것이다.

나와 절친한 이병재 인테리어 디자이너의 별명은 '불패不敗'다. 그는 내가 사는 대구에서 최고의 디자이너로 인정받는다. 그가 오픈시킨 레스토랑이나 카페들이 영업에 실패한 업소가 없다고 붙여진 별명이다.

그런데 이 소장의 이력을 보면 의문이 든다. 그가 어떻게 최고가 되었을까? 공부하고는 담쌓고 놀기 좋아하는 중고등학교시절을 보냈다 하고, 명문대학을 나온 것도 아니고? 유명한 대기업 건축회사에서 오랜 시간 경험을 쌓은 것도 아니다. 그러면 어떻게 최고의 디자이너가 되었을까?

이유는 간단하다. 책보다는 몸 공부로 최고가 되었다. 이소장은 청소년 때부터 정말 열심히 최선을 다해서 놀았고, 할 수 있는 모든 취미활동을 모두 마스터했다. 대학생 때에도 열심히 분위기 좋은 최고의 카페나 술집들을 찾아다니면서 가무를 즐겼다. 그때 마음에 드는 분위기 좋은 카페가 없어 대학생 시절에 카페를 직접 오픈해서 운영하기 시작했고, 마침내 마음에 드는 인테리어 디자이너가 없어서 직접 디자인해서 운영했다고 한다.

그렇게 시작한 인테리어 디자인 작업이 하나둘 대박을 치고, 차츰 차츰 소문이 나면서 주변에서 공사를 의뢰받기 시작했고, 다행이도 그가 공사한 업소들은 모두가 영업에 성공하면서 30년의 경력이 차곡차곡 쌓였고 현재까지 왔다.

이 소장의 경쟁력은 몸 공부로 배운 디자인감각과 영업노하우다. 현장에서 직접 몸으로 배우고 익힌 디자인감각이 그만의 경쟁력이다. 이런 몸 공부로 익힌 디자인감각은 책으로 배운 명문대 출신이나 외국 유학파보다 더 큰 경쟁력을 갖는다.

얼마 전에는 흥분하며 사진을 메시지를 내게 날려 보냈다. 김태희와 송승헌이 이 소장이 디자인하고 완공했던 레스토랑에서 촬영했다면서 그 사진을 내게 보내고 페이스북에도 올려서 자랑한다. 즐거워하는 모습을 옆에서 보니 나도 즐겁다.

직접 몸으로 부딪쳐 배워라

〈타이타닉〉과 〈아바타〉를 연출한 제임스 카메론James Cameron 영화감독 또한 '몸 공부'로 오늘날의 위대한 흥행 돌풍 영화감독이 되었다.

그는 명문대 출신이 아닌 독학으로 영화감독이 되었다. 영화공부는 트럭운전으로 생계를 유지하며 캘리포니아 주립대학 도서관에서 영화관련 논문들을 뒤적거리며 독학했다. 학력은 1971년 캘리포니아에 있는 2년제 플러튼 칼리지에서 물리학과 영문학을 전공했으나 5학기 만에 중도 포기한 게 전부다.

그에게 영화를 배울 '몸 공부' 기회가 찾아 왔다. 1979년, '뉴월드 픽쳐스'란 영화사에서 일자리를 얻은 것이다. 당시 '뉴월드 픽쳐스'는 B급 무비를 찍는 영화사였다. 그는 이곳에서 영화제작에 필요한 모든 실무를 몸으로 공부하

는 절호의 기회를 잡았다. 처음 그는 1980년 1월에 〈우주의 7인〉의 아트디렉터로 일했고, 1981년에는 〈공포의 흑성〉에서는 조감독으로 참여했다. 1981년에는 마침내 〈피라냐 2〉의 감독으로 전격 발탁되었다.

카메론감독은 열악한 환경과 예산 때문에 영화에 필요한 모든 과정에 직접 관여하게 되었다. 스토리보드 제작하기, 식인 물고기 모형 제작하기, 각본 손질하기, 촬영지 섭외하기, 촬영하기, 편집하기 등 모든 과정을 직접 관여했다. 당연히 고생이란 고생은 다했다.

황당한 사건도 많았다. 영화를 촬영하기로 한 자메이카의 실제 시체 안치소에 도착해보니, 테이블 위에는 교통사고로 사망한 소녀를 포함한 세 구의 시체가 겹겹이 쌓여있었고, 그 옆에는 부검 때 흘린 피가 가득 담겨있는 커다란 양동이가 놓여있었다. 놀란 그는 시체 안치소 직원에게 시체를 옆으로 옮겨 달라고 부탁한 후 임시로 합판으로 가리개를 만들어놓고 촬영해야만 했다. 그 뒤 촬영이 한창 진행일 때는 장의차가 시체를 운구하겠다며 나타나서 이들을 당황하게 만들었다. 이때 카메론감독은 스태프들이 점심식사로 자리를 비운사이에 시체를 옮기다 흘린 핏자국을 대걸레로 혼자서 닦아야 했다.

그렇게 열악한 상황에서도 영화감독이라는 자존심 하나로 촬영을 끝마쳤지만 촬영 5일째 제작자로부터 해고통지를 받았다. 이유 없는 해고였다.

모든 경험은 큰 행운이었다. 많은 고생과 좌절감을 안겨준 〈피라냐 2〉였지만 카메론 감독에게는 큰 경험이 되었다. 영화감독으로 성장하기 위한 모든 것을 생생하게 몸으로 공부한 경험을 가진 것이다. 이전까지 책과 논문을 통해 머리로 익힌 영화지식이었다면, 모형제작에서 감독 일까지 짧은 기간에 영화제작 전반의 업무를 통달할 수 있었던 '실전경험' 기회를 이곳에서 배운 것이다.

그는 지금까지도 직접 카메라를 들고 있고, 편집과 믹싱은 물론 영화제작의 전 단계에 직접 개입할 능력을 소유한 유능한 영화감독이 되었다. 이런 몸 공부가 없었더라면 〈타이타닉〉이나 〈아바타〉 같은 흥행을 기록한 대박 영화를 만들 수 없었을 것이다. 기회조차 주어지지 않았을 것이다. 이렇게 몸 공부가 중요하다. 창의적인 분야에선 더 중요하다.[46]

**수학여행으로
창의고수가
되다**

안도 다다오Ando Tadao, 일본 출신의 세계적인 건축가인 그도 수학여행으로 창의고수가 되었다. 그도 독학으로 건축공부를 했다. 하지만 책으로 하는 학교 공부 대신 '몸 공부 여행'을 많이 했기 때문에 오늘날 세계적으로 위대한 건축가가 될 수 있었다.

여행은 국내부터 시작했다. 1963년, 동료들이 대학졸업을 할 나이에 일본 전국일주 여행을 했다. 오사카에서 출발하여 시코쿠→규슈→히로시마→도호쿠→홋카이도로 여행했다. "감동은 기대 이상이었다"고 했다. 각지에 흩어진 전통적인 고가옥과 토착 민가를 몸으로 직접 보며 공부하는 몸 공부 여행을 했다.

그리고 외국 여행을 떠났다. 1964년, 안도 다다오가 24세가 되던 해 일본에선 일반인의 해외여행이 자유화되었다. 그는 요코하마 항에서 출발하여 나홋카를 거쳐서 시베리아 횡단 철도를 타고 모스크바로 향했다. 모스크바에서 다시 핀란드→프랑스→스위스→이탈리아→그리스→스페인을 돌았다. 마지막으로 남프랑스 마르세이유에서 화객선 MM라인을 타고 아프리카 케이프타운을 거쳐 마다가스카르→인도→필리핀을 경유하여 일본으로 귀국했다. 장장 7개월의 긴 여정이었다.[47]

안도 다다오는 몸 공부 여행을 통해 건축과 공간에 대한 독창적인 시각을 키웠다.

이런 긴 여정의 수학여행 결과, 안도 다다오는 건축과 공간에 대한 독창적인 시각을 가지게 되었다. 공간에 대한 해석력이 다양하고 풍부해졌고, "지역이 달라지면 생활공간도 다른 성격을 갖는다"라는 진리를 깨달았다고 한다.

만약 다른 건축가들처럼 대학에서 책으로만 공부를 했다면, 오늘날 안도 다다오는 세계적인 건축가가 될 수 없었을 것이다. 남들과 같은 책으로 같은 교육을 받고 같은 경험을 하고서, 남과 다른 독창적인 아티스트가 되기를 바란다는 것은 어리석은 것이다. 남과 다른 나만의 몸 공부 경험들이 독창적인 시각과 감각을 만드는 것이다.

고흐와 함께 후기인상주의 대표작가로 유명한 폴 고갱

안도 다다오
〈빛의 교회〉
1989

Paul Gauguin 또한 몸 공부 여행으로 창의고수가 되었다. 고갱 또한 정규 미술공부를 하지 않았고 독학으로 화가가 되었다. 그의 공부 역시 수학여행이었다.

고갱은 17세부터 23세까지 6년 동안 지중해와 흑해연안을 여행했다. 정확히 말하면, 3년 동안은 해양고등학교 학생으로서 어선을 타고 여행을 했고, 3년은 선원으로서 원양상선을 타고 여행을 했다. 감수성이 가장 예민한 10대 후반에서 20대 초반 6년 동안 지중해 연안을 다니면서 제3세계의 다양한 문화를 보고 경험한 것이다. 그런 청소년시기의 몸으로 체득한 살아있는 경험이 고갱에게 다른 화가들과 다른 예술적 시각을 갖게 했다.

유럽과 프랑스에는 없는 새로운 아름다움을 고갱은 찾고 싶었다. 그런 열망이 그를 결국 파리에서 남태평양의 섬으로 이끌게 했다. 고갱은 43세가 되던 해인 1891년 아내와 아이들을 뒤로한 채 독창적인 아름다움을 찾기 위하여 원시의 낙원 남태평양의 타히티섬으로 향한다. 1891년 4월 4일, 배를 타고 출발하여 6월 8일에 도착했으니 장장 64일이 걸려 도착했다. 그는 이곳에서 그가 원하는 작품을 창조하다가 심장발작으로 1903년 5월 9일 56세에 사망했다. 고갱의 무덤은 지금도 타히티섬에 있다.

수학여행이 고갱을 만든 것이다. 만약 고갱이 파리에서만 평생을 살았다면 오늘날의 고갱은 없었을 것이다. 당연히 고갱이 청소년 시절 6년 동안 상선을 타고 여행을 하지

폴 고갱
〈타히티의 여인들〉
1891

않았더라면 유럽 문명 바깥의 문화를 알지도 못했을 것이다. 프랑스에 없는, 당시 유럽 문명에도 없는 새로운 종류의 아름다움, 원시성의 아름다움을 찾아서 그는 타히티섬에 갔고, 결국 그가 원하는 새로운 아름다움의 세계를 찾았으며 고갱은 위대한 화가가 되었다.

이렇게 수학여행의 중요성은 아무리 강조해도 부족하다. 안도 다다오와 고갱은 대학공부 대신 수학여행으로 위대하고 독창적인 아티스트가 되었던 것이다.

**지금 당장
여행을 떠나라**

창의고수가 되기 위해서는 학교 공부만으로는 부족하다. 세상을 경험하고 몸으로 배우는 수학여행이 반드시 필요하다.

내가 아는 주부는 초등학생 아이 둘을 데리고 2박 3일 서울 여행을 다녀왔다. 서울의 최상급 호텔과 레스토랑 순례여행을 다녀왔다. 넉넉한 가정은 아니지만 아이들 학원 두 개를 끊고서 그 경비로 다녀왔다고 한다. 청담동의 최고급 레스토랑들을 예약해서 식사를 하고, 백화점에서 쇼핑도 해보고, 고급 호텔에서 침대에서 잠을 자고 수영을 즐기면서 최상의 상류층 생활 문화를 아이들에게 경험시켰다고 한다.

왜냐고 물으니 아이들에게 다른 세상을 보여주려고 했다고 한다. 엄마 아빠는 중산층으로 살지만 이렇게 사는 것이 세상의 전부는 아닌 것을 아이들에게 보여주려 했다고 한다. 너희들이 열심히 공부하고 노력하면 미래에 이런 상류층 생활을 즐기며 살 수 있다는 비전을 몸에 각인시켜 주려고 했다고 한다. 그 한 번의 몸 공부 경험이 아이의 일생을 바꿀 중요한 경험이 되었으리라. 용기 있는 어머니의 몸 공부 교육법이었다.

미국에서 한인교포에게 들은 이야기다. 고등학교 친구가 여름방학이면 변호사인 아버지 사무실에서 인턴을 한다고 한다. 고등학교 때부터 사회를 경험하게 한다고 한다. 미래의 직업을 일찍 경험하게 해서 공부의 의미를 깨닫게 해주기 위함이라고 한다. 한국에서도 청소년들에게 현실공부를 시켜야 한다. 그것이 아버지가 운영하는 세탁소의 다리미질이든 엄마가 운영하는 식당의 주방일도 좋을 것이다.

　나는 학생들에게 휴학을 적극 권한다. 학생들이 내게 면담을 신청하면 그때마다 휴학을 하고 배낭여행을 떠나라고 조언한다. 필요하면 은행 대출을 받아서라도 배낭여행을 하라고 권한다. 부모님들은 자녀 수업료로 생각하고 은행에서 대출을 받아서라도 투자해야 한다. 학교 공부보다 훨씬 많은 것을 배우고 느끼고 성장해서 돌아올 것이다. 특히 예술계전공이라면 몸 공부 여행은 필수코스다. 한두 번으로 끝날 것이 아니라 기회 있을 때마다 몸 공부 기회를 가져야 한다. 그것이 창의고수가 되기 위한 최고의 방법이다.

　외국 학생들을 보면 참 부러운 생각이 많이 든다. 외국에 나가 보면 수많은 젊은이들이 여행지에서 만난다. 학업을 잠시 접고 배낭하나 메고 세계를 다니는 그들을 볼 때마다 부럽다는 생각이다.

　뉴욕에 갔을 때도 놀란 것이 있었다. 뉴욕 거리에서나 공원에서는 배낭 메고 개와 같이 앉아있는 남녀 대학생 여행객들을 무척 많았던 것이다. 아마 미국의 다른 변두리 지역에서 온 대학생들이리라. 이런 청년들이 책으로만 공부한 학생들보다 더 경쟁력 있는 인재들이 될 것은 분명한 사실이다.

　직장인들도 창의고수가 되고자 한다면 몸 공부 여행을 반드시 해야 한다. 일반 관광객들이 가는 유원지나 유적지 앞에서 사진 찍고 다녀오는 여행과는 다른 여행이 되어야 한다. 창의고수들은 다른 여행을 해야 한다. 외국에서 문화캠프에 참석하는 것도 하나의 방법이다.

명심하라. 특별한 창의고수가 되려면 절대 책 공부만으로는 한계가 있다. 특별한 감각을 가진 창의고수가 되려 한다면 특별한 경험을 해야 한다. 독서실에서 가방을 들고 나와 세상으로 뛰어들어야 창의고수가 될 수 있다.

뇌파자극으로 창의력을 높인다고?

인위적으로 창의력을 증강 시킬 수 있다는 학설이 있다. 두뇌의 전부전두엽피질 기능은 새로운 문제를 해결할 때 과거의 비슷한 경험을 끄집어내어 반복하게 하는 기능을 한다. 그런데 이 기능이 억제될수록 새로운 시도를 하게 되는 것이다.

연구에 의하면 언어와 관련 있는 연상활동을 활발하게 하는 사람들의 전부전두엽은 베타 Beta(활동적으로 깨어있는 상태)가 아닌 세타Theta(깨어 있으나 나른하고 졸린 상태)형태의 뇌파활동을 한다. 그러니까 창조적인 사람들의 영감은 대부분 꿈을 꾸는 상태와 같은 낮은 뇌파활동 상태에서 형성된다는 것이다.

이 자료를 기준으로 여러 학자가 베타에서 세타로 리듬을 통과시키면 뇌 전체의 활동을 감소시킬 수 있으리라 생각하고 두개골의 자성자극에 따른 창의성 정도를 평가하는 연구를 했다. 마침내 대뇌에 전부전두엽피질의 활동성을 줄이는 자극을 대뇌에 주자 연상 작용이 촉진되었다. 미술작품의 경우 다소 진부한 수준에서 보다 더 창조적인 표현방법과 색감을 사용해 질적으로 더 나은 창작물이 나왔다.[48]

'깨어있으나 나른하고 졸린 상태'를 인공적으로 만들어주면 창의성이 증가된다는 것이다.

재미있고
즐거운 일만 하라

요즘 내게 즐거운 일은 요리를 배우는 일이다. 일주일에 한 번 이태리요리를 배우는데 여간 재미있는 것이 아니다. 지글지글 요리하는 소리도 좋고, 달콤한 냄새도 좋고, 음식재료들을 다듬고 만지는 것도 좋고, 아줌마들과의 수다도 즐겁다. 요리가 완성되면 식기를 세팅하고, 데코레이션을 하고, 사진을 찍고, 와인과 함께 시식하며 품평회를 한다. 모든 것이 오감을 구석구석 자극한다.

한번은 캐나다에서 공수해온 살아있는 랍스터를 요리하는데, 엔돌핀이 팍팍 솟아날 정도로 흥분된 적이 있었다. 15kg이 넘게 나가는 살아있는 그놈을 번쩍 들고 칼로 잘라서는 회로도 만들고, 오븐에 넣어 그라탱으로도 요리하고, 파스타로도 요리했다. 파닥파닥거리는 그놈을 칼로 자르는 과정에서는 짜릿한 전율이 느껴졌고 숨어있는 야성의 본능이 살아나는 것 같았다.

작업실에서 그림 그리기는 그런 것과는 많이 다르다. 작업실에서 혼자 작업하는 것도 좋지만, 일주일에 한 번 정도는 와자지껄 여럿이 함께 어울릴 수 있어 즐겁고 좋다.

매일 요리를 하는 주부들은 즐겁진 않겠지만, 내게는 모든 것이 즐겁다. 요리를 배워 식당을 오픈하려고 배운다면 그 진지함이나 태도가 또 다르겠지만 우선은 취미로 즐기니 이유 없이 즐겁다.

많은 창의고수들 역시 재미있고 즐거운 것을 하라고 한다. 왜일까?

무엇을 하던지 '재미'를 먼저 추구하라

애플의 공동창업자였던 스티브 워즈니악은 컴퓨터 제품설계가 미치도록 재미있었다고 말한다.

"돈 한 푼 받지 않고 제품설계를 대신 해준 적도 있습니다. 물론 제가 자청한 일이었죠. 그 정도로 저는 제품개발과 관련된 일을 좋아했습니다. 타이핑도 좋아했지요. 친구들의 보고서를 대신 타이핑하는 경우도 많았습니다. 때론 새벽 네 시까지 타이핑을 하기도 했지요. 하지만 제가 정말로 좋아서 한 일이었기 때문에 돈은 한 푼도 받지 않았어요. 자신이 정말로 좋아하는 일을 할 때 돈 따위는 별로 중요하지 않습니다."[49]

스페인 산업디자이너인 하이메 아욘도 즐거운 일의 중요함을 강조한다.

"내가 하고 싶은 일을 하며 즐길 수 있었습니다. 나는 스스로 진부한 사람이 되고 싶지 않으며, 유명해지는 것에 대한 열망도 없습니다. 나는 그저 아름다운 것들을 만드는 것

즐거운 일의 중요성을
강조하는
하이메 아욘의 작품들

이 좋을 뿐이고, 위험을 감수하며 내 스스로 새로운 영역으로 밀어 넣기 위해 노력합니다."

세계 최고의 창조경영 CEO로 알려진 버진그룹 CEO 리처드 브랜슨Richard Branson 회장, 탱크를 몰고 뉴욕 한복판에서 코카콜라 광고판에 콜라를 쏘아대는 괴짜 창조경영인이다. 고등학교 중퇴가 학력의 전부지만 전 세계 300여 개의 회사를 경영하는 버진그룹 창업자이다. 세계적인 경영컨설팅그룹이 선정한 2012년도 창조경영자 1위로 그가 선정된바 있다.

브랜슨 회장 또한 재미와 즐거움을 강조한다. 그의 어록들을 보면 재미를 최우선으로 생각한다. "뭔가가 재미없어질 때는 왜 그런지 질문해보고 재미가 없으면 그 일을 그만두어라", "바보가 되더라도 다른 사람에게 재미를 주어라", "일하는 것이 노는 것이고, 노는 것이 일하는 것이다."

이런 브랜슨 회장이 최근에 짧은 치마의 스튜어디스 유니폼을 입고서 승객들에게 서빙을 해서 화제다. 그는 여장을 하고 새빨간 에어아시아 스튜어디스 유니폼을 입고 호주 퍼스에서 말레이시아 쿠알라룸푸르로 향하는 자선비행에 동

에어아시아 회장과의
내기에서 진 벌칙을
수행하기 위해
여성 승무원으로 변신한
브랜슨 회장

참했다. 에어아시아는 버진 항공의 경쟁사인데, 그는 왜 그랬을까?

3년 전 에어아시아 회장과의 내기에서 진 벌칙을 수행하기 위해서였다. 지난 2010년 F1 국제 자동차경주대회에서 각각 자사 팀의 순위를 놓고 내기를 한 결과 브랜슨 회장이 졌다고 한다. 그래서 그는 에어아시아 승무원 유니폼인 짧은 스커트를 입기 위해 다리털까지 밀고 6시간의 비행 동안 음식과 커피, 차 등의 음료를 탑승객들에게 서빙했다. 단 수염만은 포기하지 않아서 스타일이 기괴했다.

우하하하하♪ 이날 예상치 못한 '재미있고 즐거운' 이벤트에 비행기 안에서는 웃음이 끊이지 않았다고 한다.

창조경영자 브랜슨 회장다운 재미있고 즐거운 이벤트다. 한국의 삼성이나 LG에서도 창조경영을 강조하지만 근엄한 회장님이 립스틱을 바르고 치마를 입고 비행기에서 서빙을 한다는 것은 상상도 못 할 일이다.

왜 이렇게 창의고수들은 합창하듯이 재미를 강조할까? 이유가 무엇일까? 문화심리학박사 김정운 교수는 "재미와 창의성은 심리학적 동의어"라고 말한다. 직장의 일이 재미있다면 창의적인 일이며, 직장생활이 재미있다면 창의적인 직장이다. 반대로 일이 지겹고 힘들다면 그 일은 창의적인 일이 아니다. 재미있고 즐겁지 않으면 창의적인 회사가 아니다. 그런 회사는 미래가 어둡다고 봐야한다.

학생들에게 수업시간에 가끔씩 말한다.

"지금 여러분이 하고 있는 공부나 과제가 지겹고 힘들고 재미가 없다면 전공을 바꿔야 합니다. 본인의 적성에 맞지 않는 분야입니다. 그 일이 여러분이 졸업하고 평생 일할 직업이 될 텐데 힘들고 지겹게 느껴지면 여러분은 전공을 잘못 선택한 것입니다. 반대로 여러분이 지금 배우는 모든 것이 힘들어도 미치도록 재미있다면 여러분은 정말 잘 선택한 것입니다. 미치도록 재미있는 일인데 열심히 하는 것은 당연한 일이고, 당연히 최고가 되겠지요!"

여러분들이 직장에서 창의고수가 되고자 한다면 반드시 미치도록 재미있고 즐거운 일을 해야 한다. 힘이 들어도 그 일이 재미있고 시간가는 줄 모르게 좋아한다면 그 일이 여러분에 적성에 맞는 천직인 것이다.

재미있고 즐거운 일을 하는 창의고수 아티스트들의 작품들을 살펴보자.

재미밖에 없는
창의고수들

소설가 성석제의 글을 읽어보면 참 재미있다. 한 인터뷰에서 그는 이렇게 말한다.

소설을 쓰게 된 계기가 있는가?

"심심해서. 날도 덥고 심심해서."

당신 소설을 두고 "재미는 있으나, 재미밖에 없다"라는 평가가 있는데?

"나도 그렇게 생각한다."[50]

여기서 "재미밖에 없다"는 말이 나를 사로잡았다. 소설가 성석제의 인터뷰 글을 읽다가, '재미밖에'라는 글자가 내게 꽂혔다. 그는 중학교 졸업할 때까지 무협지만 2,000여 권을 읽었다고 했다. 무협지에서 배우고 익힌 내공과 B급을 소설에 적용시켜 글을 쓴다고 했다. 이런 점도 흥미를 자극한다.

소설가 성석제의 『그곳에는 어처구니들이 산다』를 읽었다. 무협지 내공이 무엇인지 알고 싶었다. 한마디로 어처구니없었다. 이 책의 첫 문장은 더 어처구니없었다. 감정표현에 미숙한 한국 소설에서 나오는 웃음소리가 너무 단순하고 식상해서 만화에서 찾은 다양한 웃음소리를 찾아내어 나열했다.

1. 숨을 모아 한꺼번에 내보내는 소리에 가장 가까운 ㅎ자

음에 다섯 모음을 결합한 형태. 빈도수가 높다.

하하, 허허, 호호, 후후, 흐흐, 히히.

2. 1의 경우에 ㅅ을 결합 강조한 것.

핫핫핫, 헛헛헛, 헷헷헷, 호호홋, 후홋, 훗훗, 힛힛힛

3. 1의 경우에 웃음에 충분한 숨을 만들기도 전에 튀어나오는 웃음소리를 형용한 것. 목적이 있는, 억지 웃음에도 쓴다.

아하하, 으하하, 와하하, 어허허, 에헤헤, 우후후, 으흐흐, 이히히.

4. 파열음 ㅋ,ㅍ을 ㅎ 대용으로 쓰고 있는 경우.

카(크)하하, 크카카, 카카카, 크크크, 파하하, 푸(프)하하, 푸후후

5. 몇몇 작가만이 쓰고 있는 경우.

우후훙, 후아, 헐헐헐, ㅎㅎㅎ, ㅍㅍㅍ.

6. 헛웃음, 냉소.

피식, 픽, 푸시시, 피시식.

7. 실제로는 들을 수 없으나 문자로는 쓰는 경우.

깔깔깔, 낄낄 낄, ㄲㄱ, 깰깰깰, 킬킬.

(중략)

이 글을 옮기면서 내가 왜 이 짓을 해야 하나? 의문이 들었지만 재미있어서 힘들어도 옮겨봤다. 기존의 소설이나 수필에서 이런 글을 읽어본 적이 없다. 그야말로 별종, 변태 문

학인인데 그의 말처럼 어처구니없이 재미있다.

창의고수들은 다방면에 호기심을 가지고 삶을 즐기면서 사는데 그 기준은 딱 한가지다. '재미있고 즐거운 것'만 하기다. 하기 싫은 일은 절대로 하지 않는다. 창의고수가 되려 한다면 이런 점을 배워야 한다.

미술작가 함진의 작품도 재미있고 즐겁다. 개인적으로 좋아하는 젊은 미술작가다. 어린아이가 찰흙을 가지고 조물조물 손장난하듯이 지점토를 사용하여 조그만 인형들을 제작하는데, 그 작품들을 감상하면 풍성한 상상력이 넘쳐난다.

특히 〈사발면 스프 인간〉을 좋아한다. 꿈속에서 일어나는 장면 같이 라면스프의 내용물들이 사람이 되어 사발면 그릇 여기저기 기어올라 놀고 있는 모습을 연출했다. 이 작품을 보는 순간 이성의 긴장이 스르르 풀리면서 상상의 세계로 빠져버린다. 작품 사이즈도 매우 작아서 돋보기로 봐

함진
〈사발면 스프 인간〉
2004

야 하는데 그런 것도 재미있다.

그는 2002년 베니스 비엔날레 한국 대표작가로 초대되어 전시에 참가했고 그곳에서 세계적으로 재능을 인정받은 차세대 대표적인 한국 아티스트다. 이런 재미있는 작가가 많아야 한국사회가 더 즐겁고 재미있는 창의사회가 될 것이다.

홍콩영화 감독이자 배우인 주성치Stephen Chow의 영화도 함진의 작품처럼 '재미밖에' 없다고 말한다. 실제로 그의 영화를 보면 재미밖에 없지만 심각하지 않아서 좋다. 주성치 감독이 제작한 〈소림축구〉는 홍콩영화 최초로 할리우드에 진출해 전 세계에 배급되어 흥행 대박을 기록하였고 〈쿵푸 허슬〉 또한 흥행 대박을 기록했다. 그의 영화에서는 재미를 최대한 강조한다.

"나의 영화는 형편없다. 그래서 지금도 공부 중이다. 하지만 난 영화에서 메시지는 중요한 것이 아니라고 생각한다. 예를 들어, '열심히 살라'는 메시지를 전하고 싶다면 영화를 찍지 말고 연단에서 강의를 하면 된다. 영화는 최대한 즐기는 것이다. 즐기면서 영화 속에서 얻을 게 있다면 물론 좋겠지만."

인생을 즐길 줄 아는 사람이 진정한 고수

이게 뭐지? 허드슨 강 위에 사람이 서 있다. 여름방학이라 뉴욕에 있는 가족을 방문해서 조깅을 하는데 강위에 사람이 서서 움직이는 것이 보인다. 이상해서 자세히 보니 서핑

보드를 타고 허드슨 강변을 내려오는 남자다.

허드슨 강은 바다와 인접한 강이라 거대한 크루즈가 왔다 갔다 할 정도로 폭이 넓고 깊으며 위험한 곳인데 이곳에서 서핑을 하다니? 깨끗하지는 않은 강에서 서핑을 한다는 것을 상상도 못했는데 참 대단한 놈이다. 주말이라 취미 생활을 이곳에서 하는 놈인가 보다. 인생을 참 재미있고 즐겁게 사는 놈인 것 같아 부러웠다. 넋 놓고 쳐다보면서 내 앞을 지나가기에 양 엄지손가락을 쳐들어 주었더니 손을 흔들어 화답하며 좋아한다. 진정 인생을 즐길 줄 아는 자이다.

주어진 상황에 연연하지 않고 상황을 자기 식으로 바꿔서 즐기는 사람이 진정한 창의고수다. 이런 사람들은 주변 사람들까지 즐겁고 행복하게 만든다.

어떻게 하면 재미있고 즐거운 사람이 될 수 있을까? 재미있는 사람과 친구가 되어보라. 친구나 동료 중에서 유머감각이 풍부하고 재미있는 사람이 있다면 돈과 시간을 투자하여 친구가 되어라. 그 친구랑 만나면 술값은 항상 여러분이 내어라. 그러면 친구가 될 것이다. 그 친구와 많은 시간을 함께 보내면 여러분은 자연스럽게 재미있고 창의적인 사람이 되어 있을 것이다.

또한 아침에 일어나면서 하루에 30분씩 가장 즐거운 일을 계획을 해보는 것은 어떨까? 맛집 찾아가서 점심 먹기, 좋아하는 친구 찾아가서 수다 떨기, 좋아하는 콘서트 공연 가기, 재미있다고 소문난 연극 보러가기, 무엇이든 좋다. 가장 즐겁고 신나는 일을 할 때 가슴이 콩닥콩닥 뛴다. 그렇게 즐거운 일을 많이 하고 즐기다 보면 어느새 창의고수가 되어 있는 자신을 발견하게 될 것이다.

무엇을 하든지 재미있고 즐거운 일만 하는 것이 창의고수 스타일이다.

Creative Master Style 16

실수와 실패를 즐겨라

라면을 끓이다가 화가 나서 쓰레기통에 확 집어 던질 때가 많다. 누구 이야기냐고? 내 이야기다. '실험정신'이 시도 때도 없이 작동해서 그렇다. 평범하게 매뉴얼대로 끓는 물에 '파 송송 계란 탁' 하면 되는데, 직업적 습관이 튀어나와서는 라면에 통조림 꽁치를 넣기도 하고, 토마토소스를 쏟아 넣기도 하고 콜라를 부어서 라면을 끓이기도 했다. 습관화된 나머지 제어장치가 고장 났다. 이런 아방가르드 실험라면은 번번이 실패로 끝나고는 쓰레기통으로 직행하고 만다. 맛이 기괴해서 도저히 먹을 수가 없을 정도다.

이런 나의 습관은 역사가 오래되었다. 군대 있을 때는 라면 끓이다가 선임병에게 한 시간 동안 머리박고 기합 받았던 기억이 생생하다. 선임이 먹을 라면에 느끼한 마요네즈를 넣었기 때문이다. 그때는 이런 나를 무척 원망했었다.

원망은 그때뿐이다. 다음번에도 이런 습관은 계속 되풀이되고 있다. 바보 같지만 이런 모습이 내 일상이다. 어쩌겠는가? 일종의 아티스트 직업병이라 생각하며 덤덤하게 받아들이며 살고 있다. 그래도 다행인 것은 한 번 실패한 재료는 다시는 넣지 않는다.

　나뿐만 아니라 많은 아티스트들이 직업병처럼 새로운 시도를 즐기며 실수와 실패를 반복하면서 인생을 살고 있다. 그런 실수와 실패를 즐기는 마인드가 창의고수 스타일이다.

**예술에선
실수란 없다**

정답이 없다면 실수도 없다. 예술에서는 절대적인 정답이 없으므로 실수나 실패란 처음부터 없다. 단지 시도하지 않은 자들이 실패자다. 아티스트들은 실수를 의도적으로 즐기기도 한다.

　잭슨 폴락은 미국 출신의 추상표현주의 대표 작가다. 그는 '드리핑dripping'이라 불리는 새로운 기법을 창안하여 그림을 그렸다. 새로운 이 드리핑 기법은 붓을 사용하여 정확하게 형태를 묘사하는 것이 아니라 막대기에 물감을 묻혀서 바닥에 눕혀 놓은 캔버스 위에 물감을 자유롭게 뿌리는 기법이다.

　이런 뿌리기 기법에는 실수뿐이다. 모두 과정이 실수의 연속이다. 실수를 의식적으로 허용해서 작품을 제작한다. 하지만 놀라지 마시라. 이런 뿌리기 기법으로 그린 잭슨 폴락의 작품이 무려 소더비 경매에서 1억 4천만 달러(약 1,313억 원)에 낙찰되었다. 이는 페인팅 사상 최고 경매가였다. 믿지 못하겠지만 이는 엄연한 사실이다.

　초현실주의 미술가 살바도르 달리 역시 실수를 즐겨하고

찬양까지 한다.

"실수는 항상 훌륭하다. 실수를 고치려 하지마라. 오히려 실수를 합리화하고 이해한다면 그것을 승화시킬 수 있을 것이다."

하지만 그는 실수 때문에 죽을 뻔 했던 일도 있었다.

런던에서 초청 강연에 초대된 달리는 평소처럼 요란한 모습으로 무대에 등장했다. 한 손에는 러시안 울프 하운드 두 마리의 목줄을, 다른 손에는 당구 큐대를, 몸에는 구식잠수복을 입고, 머리에는 방열 모자가 달린 잠수복 헬멧을 쓰고 나타났다. 하지만 중요한 사실을 깨달았을 땐 이미 저승문

턱을 헤매고 있을 때였다. 헬멧 속으로 산소가 공급되지 않았던 것이다.

그는 숨을 쉬려고 헐떡이며 죽음의 몸부림을 치는 동안 관중들은 함성과 즐거움으로 난리가 났다. 다행이 진행 도우미의 도움으로 거의 질식사할 뻔했던 달리는 목숨을 구했다.[51]

이런 달리를 아무도 실수한 작가라고 말하지 않는다. 그날의 해프닝은 두고두고 사람들 입에서 입으로 전해지면서 즐거움을 준다. 참석한 청중들은 그날의 행사를 성공적이라고 기억한다.

창의적인 분야에선 실패란 없다. 어느 재즈뮤지션이 말한 "세상엔 틀린 음이란 없다"고 한 것처럼 창의적 분야에서는 틀린 것이란 없다. 단지 새로운 것과 낡은 것이 있을 뿐이다.

**잘못 간 길이
새로운 길을
만든다**

"실수와 실패를 많이 하며 살라"고 창의고수들은 한목소리로 말한다. 프랭크 지렌버그Frank Zierenberg 독일 IF 어워드 국제협력이사는 말한다.

"기계가 실수하면 고장 난 것이지만, 사람이 실수하면 진보하는 것이다."

많은 창의고수들이 실수로 새로운 것을 창조하며 진보했다. 그것이 의도였던 아니었던 중요하지 않다. 중요한 것은 실수 이후에 취한 반응과 태도가 그들의 미래를 결정한다는 것이다.

창의적인 분야에서 실패라는 단어는 없다. 실패는 다른 가능성을 열어주는 기회라 믿고 그 속에서 새로운 성장 동력을 찾는다.

패션디자이너 미소니Missoni는 예상치 못한 대형실수에서 새로운 기회를 찾아내어 성공했다. 1967년, 밀라노에서 열린 첫 컬렉션에서 모델들의 가슴이 검정실크 저지 드레스를 뚫고 훤하게 내 비쳤다. 조명효과를 미처 계산하지 못한 실수로 일어난 대형 사고였다.

그러나 이 실수는 의외로 엄청난 행운을 가져다주었다. 이 실수로 새로운 아이디어를 얻은 미소니 부부는 이듬해 의도적으로 안이 훤히 비쳐지는 시스루드레스를 정식으로 발표하면서 패션계에 엄청난 센세이션을 일으켰다. 오늘날 패션계의 새로운 스타일 중에 하나인 시스루패션이 이렇게 탄생한 것이다. 이후 미소니는 1973년 '패션의 오스카상'이라고 불리는 '니만 마커스 패션상Neiman Marcus Fashion Award'을 받았다.[52]

미소니의 실수는 실패가 아닌 성공이 되었다. 실수를 수용하고 그 속에서 새로운 가능성을 찾는 태도가 미소니의 성공을 가져온 것이다.

영국 록그룹 U2 또한 우연한 실수로 엄청난 대박 성공을 거두었다. U2 하면 떠오르는 상징적인 이미지는 '팬들과 함께하는 뮤지션'이다. 이런 이미지는 우연한 기회에 돌발적인 행동으로 만들어졌다.

그들은 그날 공연을 망쳤다고 생각했다. 1985년 7월, '라이브 에이드Live Aid' 공연에서였다. 이 공연은 에티오피아의 기아문제해결을 위한 기금마련 성격의 공연이었고, 수많은 뮤지션들이 런던에서 필라델피아에 이르기까지 전 세계 곳곳에서 연속으로 콘서트를 개최한 '전 세계적인 이벤트'였다.

이날 보노는 자신의 돌발적인 행동으로 인해 공연을 망쳤다고 자책하며 매우 화를 냈다. 왜 그랬을까? 이 공연에서 여러 뮤지션들의 공연 순서가 지나가고 U2의 순서가 오자 런던의 웸블리 경기장에 모인 7만 2,000명의 청중 앞에서 자신들의 노래들 중 최고의 히트곡 세 곡을 연주하기 시작했다. 첫 곡인 「선데이 블루디 선데이」를 연주하자, 운집한 청중은 엄청난 함성과 함께 춤을 추기 시작했다.

이때 보노는 두 번째 곡을 연주하면서 그만 흥분한 나머

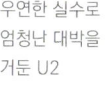

우연한 실수로
엄청난 대박을
거둔 U2

지 앞쪽 안전 장애물을 뛰어넘어 3미터 아래 청중에게로 뛰어 내려갔고, 청중 가운데 있었던 젊은 여성을 끌어 안고 춤을 추기 시작했다. 그 곡은 무려 14분 동안 연장 연주되었기 때문에 남은 한 곡은 시간초과로 포기해야만 했다. 보노는 자신의 돌발행동으로 공연이 실패했다며 자책했다.

"수백만 명이 보고 있는 초대형 공연이었는데, 정작 우리의 중요한 노래를 연주하지 못하고 끝내다니……. 멤버들 모두 저한테 화가 났습니다. 정말 심하게 화가 났죠."

그러나 실수라고 생각했던 이 사건이 U2의 새로운 돌파의 순간이 될 줄 누가 알았으랴. 여자 팬과 춤을 추고 있는 U2의 '라이브 에이드' 공연사진이 각종 언론에 크게 보도되었고, 이 공연전체를 상징하는 이미지로 떠올랐다. 수많은 사람들은 유명 가수가 눈앞에서 자신들과 하나가 되어 춤을 추고 함께한다는 것을 생생하게 목격했던 것이다. 그날의 언론에 보도된 U2의 이런 이미지는 지금도 계속 이어지고 있다.

그 후 U2는 '최고의 록 그룹', '올해의 앨범', '올해의 레코드', '올해의 노래' 등으로 스물두 번이나 그래미상을 수상했다. 2005년, 그들은 '로큰롤 명예의 전당'에 이름을 올렸다.[53]

실수의 순간이라 생각했던 행동이 오히려 한 광고카피처럼 "잘못 간 길이 새로운 길을 만들었던 것"이다.

**아무것도 하지
않는 것이
가장 큰 패배다**

창의고수가 되려면 실패를 두려워해서는 안 된다. 심지어 미국의 초기 투자자들은 실수, 실패 심지어 완전한 파산까지도 염두에 두고 투자를 결정한다고 한다. 어떤 미국의 초기 투입자본 투자가는 그가 한 열 개의 투자 중 하나만 성공하더라도 성공적이라고 생각한다. 나머지 아홉 개에 투자해서 실패할 것은 감수해야 한다고 한다. 왜냐하면 성공한 그 하나가 순식간에 세계적인 성공을 거두어 다른 아홉 개의 실패를 상쇄하고도 남는 수익창출로 보답한다고 말한다.[54]

스티브 잡스 또한 2005년 스탠포드대학 졸업 연설에서 애플에서 해고당한 실패가 그에게 가장 창의적인 기회를 선물했다고 말한다.

"그 당시에는 전혀 알지 못했지만 애플에서 해고당한 것이 제게 일어날 수 있는 일들 중에 가장 좋은 일이 되어버렸습니다. 성공의 부담감 대신에 다시 초보자라는 가벼운 마음이 생겼습니다. 더 이상 어딘가로 묶여서 끌려가는 것 같은 느낌이 없었습니다. 자유로웠기 때문에 가장 창의적인 시간들을 보낼 수 있었습니다."

만약 스티브 잡스가 해고당했을 때 실의에 빠져서 자포자기했다면 오늘의 애플 신화는 없었을 것이다.

『해리 포터』의 저자 조앤 롤링 역시 이렇게 말한다.

"삶에는 성취보다 더 많은 실패와 상처가 존재한다. 그러나 실패가 두려워 아무것도 하지 않는 것이 가장 큰 패배이다."

**실수는
미래를 위한
예방주사다**

디자이너가 반드시 해야 할 것은 '실수'다. 2012년 5월 25일, 계명대학교 미술대에서 '극재 글로벌 포럼'을 개최했다. 순서대로 강연이 끝나고 그날 강연자들이 모두 나와서 디자인이 무엇인지를 마지막으로 정리하는 '1분 스피치' 시간을 가졌다. 그 자리에서 프랭크 지렌버그는 이렇게 말한다.

"실수를 많이 하라! 디자이너의 실수는 무료다. 하지만 비즈니스의 실수는 엄청난 경제적 손실을 가져온다. 디자이너의 실수가 수천만 달러에 해당하는 회사의 손실을 미리 막아줄 수 있으니 얼마나 경제적인가!"

대학에서 보면 실수와 실패에 대한 면역력이 없는 학생들이 많다. 실수와 실패 한 번 안하고 성장한 '바른생활' 학생들이 그들이다. 이들의 공통점은 대부분 창의성이 부족하다. 실수를 두려워한 나머지 주어진 정답 인생을 수동적으로 살았기 때문이다. 어머니의 과잉보호로 실수와 실패 한 번 안 해본 인형 같은 청소년들이다. 이런 청소년들은 창조경제시대에서는 무능력자다. 예측 불가능한 창조경제시대에 연약한 '엄친아'들에게는 미래가 어둡다.

실수와 실패는 인생에서 예방주사 같은 것이다. 어린나이에 실수와 실패라는 인생의 예방주사를 경험하지 않은 청소년들은 사회에 나가서는 조그만 실패에도 쉽게 무너진다. 회복불구의 영원한 낙오자로 전락하고 만다. 직장인이 되어서는 조그만 실패도 극복하지 못하고 한강다리로 차를 돌린다. 실수와 실패에 대한 면역력이 없는 청소년들의 미래다.

직장인들에게도 예방주사가 필요하다. 작은 업무와 프로 젝트에서 실수와 실패를 경험하게 해서 초기에 대형 사고를 예방해야 한다. 신입사원의 실수와 실패에 엄한 징계로 다 스리는 기업일수록 창의와 혁신과는 거리가 먼 기업 문화를 만든다. 창의고수 직장인이 되기 위해선 실수와 실패를 두 려워하지 않고 즐겨야 한다.

상사들이 직원들 앞에서 실수 경험담 말하기를 추천한다. 부장님, 사장님들이 직원들 앞에서 실수와 실패 경험담을 말하면 직장 분위기가 매우 자유롭고 창의적인 분위기로 바뀐다. 두말할 것 없이 직장 내 상하 의사소통도 자유롭게 될 것이다.

게으름을
즐겨라

한국 청년들이 쉬는 것에 대한 죄책감이 엄청나다. 오랜만에 졸업생을 만나서 요즘 뭐하냐고 물었더니, 집에서 쉬면서 이것저것 미래를 준비한다고 한다. 그래서 잘하고 있다며 스트레스 받지 말고 기회 될 때 휴식을 충분히 즐기라고 말하니까, 갑자기 표정이 환하게 밝아지면서 울먹이기까지 한다. 의외의 반응에 나도 놀랐다.

그동안 무척 힘들었던 모양이다. 그 졸업생은 학원에서 영어와 중국어를 공부하고 있었고, 틈틈이 갤러리 객원 큐레이터로 활동하고 있었는데, 가족들 보기에는 대학졸업하고 취직할 생각 않고 집에서 쉬는 것 같아 보여 무척 견디기 힘들었다 한다.

하지만 지속적인 게으름은 백수일 뿐이라고 했더니 깔깔 웃는다. 그날 저녁 문자메시지로 "영감 가득한, 귀에 꽂히는 말들 감사해요^^" 하고 날라왔다. 이런 것이 선생이라는 직업의 보람인 것 같아 흐뭇했다.

그런데 왜 이렇게 한국 청년들은 쉬는 것에 대해 엄청난 죄책감을 가지고 있을까? 도대체 왜 명절만 되면 죄인 취급

받는 걸까? 시대가 변했다. '패스트 라이프' 대신 '슬로우 라이프'를 살아야 한다. 이제는 정신없이 앞만 보고 전력 질주하던 산업사회가 아니다. 뛰지 말고 천천히 걸어야 성공하는 시대다. 창의고수가 되기 위해서는 천천히 산책하듯이 인생을 즐기면서 살아야 한다.

그러나 한국 문화엔 '게으름의 즐거움'은 없다

2010년에 개봉한 영화 〈먹고, 기도하고, 사랑하라〉에서 줄리아 로버츠가 로마의 한 호텔방 바닥에 앉아 브런치를 먹으며 이렇게 중얼거린다.

"Il dolce far niente(The sweetness of doing nothing 게으름의 달콤함)."

최대한 늦잠을 즐긴다. 아침 해가 중천에 떠오르던지, 저녁에 해가 질 때까지라도 상관없다. 코가 삐뚤어지도록 충분하게 잠을 자고 일어나서, 좋아하는 음악을 틀어놓고, 배

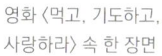

영화 〈먹고, 기도하고, 사랑하라〉 속 한 장면

달 온 신문이나 잡지를 뒤적거리며, 먹고 싶은 아침을 세상에서 가장 편안한 자세로 먹는다. 이것이 '게으름의 달콤함'을 충분히 즐기는 모습이다.

한국인에게는 꿈 같은 이야기다. 기성세대 대부분이 그렇게 생각한다. 한국에는 일 중독 걸린 사람들이 너무 많기 때문이다. 아무 일도 하지 말고 하루 종일 쉬라고 하면 불안해서 죽을 것 같은 사람들이 너무 많다. 조용한 산사에 가서는 고요함을 즐기지 못하고 휴대폰으로 열심히 통화하며 일하는 아줌마들이 많고, 휴양지에서도 그림 같은 해변을 즐기지 못하고 노트북으로 주식투자한다고 바쁜 아저씨들이 많다. 도대체 휴식을 모른다.

'게으름의 달콤함'이란 개념이 한국 문화에는 없다. '게으름을 즐거움'이라고 말하면 미친놈으로 여긴다. 바쁜 것만이 오직 살길이라 외치며 산업시대를 거쳐 온 50대 이상의 산업사회역군들에게 게으름이란 즐거움이 아니다. 그것은 가난이며, 불행이며, 고통이다. '빨리빨리'를 외치며 달려오는 동안 제조업에서는 유례없는 고성장을 이루었다. 딱 거기 까지다.

창조경제시대에는 뛰지 말고 천천히 걸어야 성공하는 시대다. 세상을 바꾼 위대한 아이디어는 모두 게으름 속에서 탄생했다. '천천히'를 외치며 독창적인 생각을 많이 해야 성공하는 시대다. '빨리빨리'를 외치는 사람 가운데 창의적인 사람은 드물다. 기계 같이 단순한 일만하는 사람들이 바쁘게 뛰어 다닌다. 뛰어다니던 그 사원은 어느 날 기계로 대체되고 퇴출당한다. 열심히 일한 죄밖에 없는데 말이다.

피천득 시인이 자기 딸에게 해준 조언이 있다. 직장인들은 이 말을 명심해야 창조경제시대에 생존할 수 있고 성공할 수 있다.

"천천히 먹고, 천천히 걷고, 천천히 말해라."

가장 오래 일하는 사원이 가장 창의력이 없다

어느 점심시간에 교수들과 논쟁이 벌어졌다. 논쟁의 요지는 "교수님은 밤늦게까지 연구실에 불을 밝히고 늦은 시간까지 연구에 임하며 연구실을 지켜야 한다"는 것이 모 교수의 주장이었고, 그는 심지어 휴일이나 방학에도 연구실에 나와서 열심히 연구실을 지킨다고 자랑스럽게 말한다.

그러나 동석했던 외국인 교수는 반대 입장에서 말했다.

"한국 교수들이 휴일까지 연구실을 지키며 사무실에 있는 것은 남들에게 보여 지기 위한 것이 많다. 어느 시간, 어느 장소에 있던지 실질적인 연구 성과물이 중요하다."

나도 그 외국인 교수의 의견에 찬성했다. 노동시간의 길이와 노동 생산물의 양이 반드시 일치하는 것은 아니다. 중요한 것은 생산성의 품질이다.

외국인 교수가 지적한 것처럼 OECD 회원국 가운데 한국의 노동시간이 가장 길고 노동생산성은 최하위다. 2012년 OECD의 「경제정책 개혁 2012년」 보고서에 따르면 2010년 기준으로 한국의 근로자 노동시간은 회원국의 평균 1,749시간보다 444시간이나 많았다. 한국은 17개 OECD 회원국 가운데 노동시간이 가장 길었다. 상위 17개 국가 평균보다 37.5% 노동시간이 많았다.

노동생산성은 거의 꼴찌다. 한국의 노동생산성은 OECD 34개 회원국 가운데 28위다. OECD 상위 17개 국가 평균에 비해 49.3%나 적다. 같은 시간을 일해도 한국의 노동자는 다른 선진국보다 생산성이 절반이다. 가장 오랜 시간 열심히 일하고 생산성이 바닥수준인 나라, 창의성 없이 열심히 일만 하는 나라가 한국이란 뜻이다. 수치스러운 자료다.

열심히 일하면 행복할까? 가장 오랜 시간 일하는 한국 노동자가 가장 행복할까? 그렇지 않다. 일을 적게 해야 행복하다. 2012년, OECD는 세계 각국의 '행복 지수The Better Life Index'를 발표했다. 한국은 36개국 중 하위권인 24위를 기록했다. 이 지수는 생활환경, 주거와 취업, 소득, 교육 등 국민들의 실제 생활과 밀접한 관련을 가지고 있는 것들이다. 호주가 1위로 나타났으며, 2위는 노르웨이, 3위는 미국이 뒤를 이었다.

정리해보면 한국 사람들은 세계에서 1등으로 노동시간이 길지만 생산성은 절반 밖에 안되고 행복 지수는 24등으로 거의 꼴찌다. 직장에서 열심히 오랜 시간 일을 하지만 생산성이 낮으니 직장에서 인정받지 못하고, 가정에서는 일만하고 즐기지 못하니 가족들이 불만이다. 아직도 사무실 책상

앞에 오래 앉아 있어야만 인정받는다고 착각하는 회사원들이 대부분인 나라다.

창조경제시대에는 노동시간보다 생산성의 양이 중요하며 더 나아가서 품질이 중요하다. 아이디어의 양보다는 아이디어의 질이 중요한 비즈니스3.0시대다.

열심히 일하는 사람들에게는 섭섭한 이야기지만, 바쁘게 일하는 직원일수록 창의성이 부족한 경향이 많다. 기발한 아이디어는 천천히 여유를 가지고 생각하는 가운데 찾아온다. 시간을 비워 놓아야 한다. 일을 적게 하고 여유를 가져야한다. 특히 창의성이 필요한 직장이라면 더욱 그렇다.

그래서 대부분의 창의고수 아티스트들은 게으름을 즐기면서 생활한다. 이들에게 배워야한다. 무능한 백수처럼 보이지만 어떻게 해야만 기발한 아이디어가 나오는지를 본능적으로 알기 때문에 그렇게 생활하는 것이다. 창의고수가 되려면 슬로우 라이프를 즐기는 게으름뱅이가 되어야 한다.

아이디어는 나비처럼 날아온다

게으름뱅이가 되라는 이유가 무엇일까? 휴식을 취할 때 창의력이 증가되는 이유는 무엇일까? 게을러야 기발한 아이디어가 솟아나기 때문이다.

시적으로 말하면 기발한 아이디어는 나비처럼 날아온다. 신비한 아이디어의 나비는 사람이 굳은 의지를 가지고 적극적으로 나서면 나설수록 멀리멀리 달아난다. 열심히 달려가서 잡을수록 달아난다.

기다려야 온다. 나비가 찾아오게 만들어야 한다. 그러려면 마음상태가 꽃밭이 되어야 한다. 사람의 마음이 아름답고 향기로운 꽃밭이 되면 나비가 가득히 날아드는 것처럼 기발한 아이디어들도 가득히 우리를 찾아온다. 최대한 내 몸과 마음이 편안하고 즐거운 휴식상태가 '마음이 꽃밭이 되는 상태'다.

그래서 창의고수들이 공통적으로 휴식의 중요성을 주장하며 마음을 꽃밭처럼 만들려고 한다. 모차르트의 편지 중에 이런 구절이 있다.

"마차를 타고 산책을 하거나 멋진 점심식사를 한 후에는 마치 장난하는 것처럼 머릿속에 생각들이 가득 찬다네."

창의학자 미하이 칙센트미하이Mihaly Csikszentmihalyi도 『창의성의 즐거움』에서 휴식을 강조한다.

"잠재의식의 창의적 과정을 활성화시키는 대표적 활동으로 산책, 샤워, 수영, 운전, 정원 가꾸기, 뜨개질, 목공일 등이 있다."

그러니까 창의고수가 되기 위해선 느긋하고 편안한 마음으로 여가활동을 충분히 즐겨야 한다. 몸과 마음이 느긋한 휴식상태, '꽃밭 같은 마음상태'에서 기발한 아이디어가 나비처럼 찾아오는 것이다.

창의고수가 되려면 잠도 충분히 즐겨야 한다. 꿈결에 갑자기 기발한 영감이 떠오르기 때문이다. 그래서 크리에이티브 피플들은 일반인보다 잠을 더 많이 즐긴다. 만일 잠자는 시간이 줄어들면 창의적인 생각에 방해를 받는다고 생각한다.

자다가 대박 아이디어가 떠오른 에피소드를 소개한다. 1965년, 롤링 스톤즈의 키스 리처드Keith Richards는 피곤에 지쳐 호텔방에서 잠을 자다가 벌떡 일어났다. 옆방에서 자고 있던 믹 재거Michael Philip Jagger를 깨워 꿈에서 떠오른 멜로디에 대해 말했다. 그렇게 밤새 둘이서 만든 곡이 「아이 캔트 겟 노 새티스팩션」이었고, 이곡은 1965년 비틀즈를 누르고 빌보드 싱글차트 1위를 기록한다.[55]

빌보드 1위를 기록 한 위대한 명곡이 잠자다가 뜬금없이 떠오른 것이다. 이렇게 창의고수가 되기 위해선 잠을 편안하게 즐겨야 한다. 침대 머리맡에 노트를 두고 의도적으로 잠을 청하는 아티스트들도 많다.

일반적으로 창의성 없는 기계 같은 사람들이 밤새워 잠과 싸우며 열심히 일한다. 이는 창의고수 스타일이 아닌 산업사회형 스타일이다.

생각을 비우면 영감이 떠오른다

창의고수들은 휴가를 즐기는 방법도 다르다. 휴가의 목적은 아무것도 하지 않고 생각을 비우는 것이다. 무리한 여가활동으로 몸과 마음을 정신없이 바쁘고 힘들게 움직이지 않는다. 맛있는 음식 먹고 휴양지를 천천히 거닐며 대책 없이 해변에 누워서 게으름을 즐긴다.

피카소와 쌍벽을 이루며 20세기 현대미술의 새로운 방향을 제시한 앙리 마티스Henri Matisse도 그렇게 했다. 그는 1930년 샌프란시스코에서 타히티섬으로 휴가를 떠났다.

나는 섬으로 갈 것이다. 열대우림아래 밤과 새벽의 다른 밀도를 가진 빛을 찾아 섬으로 갈 것이다. 남태평양 빛은 보는 이에게 깊은 금빛 용수철 같다. 나는 그곳에 도착했을 때 처음에는 실망했지만, 조금씩, 조금씩 그것은 아름다웠고, 아름다웠고, 아름다웠어!

마티스는 이곳에서 2달 반 동안 휴가를 보냈는데, 거의 아무 일도 하지 않고 해변에 누워서 선탠을 즐기기만 했다. 그리고 파리로 돌아갔다.

하지만 그가 가져온 것은 많았다. 마티스는 도시 생활의 감성을 비우고 남태평양의 빛과 색채가 주는 감성을 온몸 가득히 받고 왔던 것이다. 그렇게 저장된 남태평양 감성은 1930년 이후 제작된 거의 모든 작품들에서 오랫동안 나타난다. 특별히 바다를 연상하는 문양과 색채들은 모두가 타히티섬에서 온 것들이다.

창의적인 사고는 이렇게 주의력이 필요 없는 반자동적인 활동을 할 때, 의식의 수면 밑에서 자유롭게 떠오른다. 예를 들면 반쯤 잠든 상태로 침대에 누워있을 때, 욕실에서 면도를 하고 있을 때, 숲속에서 산책을 하고 있을 때, 아름다운 강변길을 드라이브하고 있을 때, 아름다운 해변에서 선탠을 즐길 때 아이디어가 나비처럼 날아든다.

만약 직장에서 부장님이 여러분에게 기발한 기안서를 작성하라고 닦달한다면 사무실 책상에서 일어나 바깥으로 나가는 것이 효율적이다. 근처 공원을 산책하거나 목 좋은 카페에 앉아 지나가는 사람들을 물끄러미 바라보면서 공상에 빠지는 것이 더 효율적이다. 기발한 아이디어는 몸과 마음을 꽃밭으로 만들어야 나비처럼 날아오는 것이다.

사자처럼 행동하라

창의고수들은 나무늘보처럼 느린 경향이 많다. 말과 행동이 느릿느릿 하다. 행동이 느린 것을 '굼뜨다'라고 하는데 이런 사람들이 창의지수가 높다.

신입사원을 뽑을 때, 기업체의 인사담당자들은 행동이 느리고 굼뜬 사람에게 더 주목해야 한다. 행동이 빠릿빠릿하고 두뇌회전이 빠른 인재들은 창의력이 중요하지 않는 부서에 적합하다. 하지만 기획부서에서 근무할 창의고수를 선발한다면 느리고 굼뜬 인재를 눈여겨 봐야한다. 이런 인재들이 기발한 아이디어로 신제품을 개발하여 회사를 부도위기에서 건져낼 가능성이 높다.

학교에서도 시각이 바뀌어야 한다. 게으르고 행동이 느린 학생들에게 주목해서 기회를 줘야 한다. 지각 대장에게 창의력이 높을 가능성이 많다. 이들의 성향이 게으르고 느리지만 그들에게 우리의 미래가 있다. 느린 성향의 사람들에게서 기발함과 신선한 아이디어가 많이 나올 가능성이 많다.

그런데 빠를 때가 있다. 본인이 좋아하고 관심 있는 일에는 누구보다 빠르고 열심히 에너지를 집중한다. 가수 최백호는 어느 날 아침방송 도서 추천코너에 나와서는 이런 말을 한다.

"평소 일상생활에서는 게으르지요. 하지만 내가 좋아하는 것은 열심히 부지런하게 하죠. 그림 그리기나 작곡하는 건 정말 열심히 합니다."

창의고수들은 아프리카의 사자처럼 행동한다. 사자들은 대부분의 시간을 시원한 나무그늘 아래에 누워 하품하며 느긋하게 낮잠을 즐기면서 빈둥거린다. 그러나 빠를 때가 있다. 사냥감이 나타났다 하면 최대출력으로 빠르게 질주하여 먹이를 잡아채고는 숨을 헐떡거린다. 그리고 다시 느릿느릿 슬로우 라이프를 즐긴다.

많은 창의고수들이 평소에는 '느리고 게으름의 달콤함'을 충분히 즐기며 사자처럼 힘을 비축하며 지낸다. 그러다가 관심 있는 분야가 나타나면 최대출력으로 에너지를 집중하여 그 일에 몰입한다. 그런 이유로 대부분의 아티스트들이 활동을 하지 않을 때는 모두가 카페나 클럽에서 사자처럼 어슬렁거리며 백수百獸처럼 지내는 것이다.

창의적인 생각은 휴식 상태에 생겨난다

명사들의 TV 강연을 보다가 '이건 좀 아니다'는 생각을 했다. 2010년 3월, 광주MBC 초청으로 안철수·박경철의 초청 강연을 보고 있었다. 자투리 시간을 이용해서 책을 많이 읽어야 한다고 주장하며 예를 드는데, 안철수 교수는 "엘리베이터 기다리는 시간에 책을 읽었더니 한 달에 두 권을 읽었다"고 하고, 옆에 있던 박경철 의사는 "식탁에서 밥 먹으며 한 달에 한 권을 읽는다"고 한다.

나는 이 의견에 반대다. 이런 태도가 효율과 능률성만을 강조한 비즈니스2.0시대의 개발도상국적인 태도다.

물론 나는 이 두 분을 존경한다. 한 분은 대통령후보로 나왔을 정도로 많은 국민들에게 지지를 받았으며, 전문경영인으로서 능력을 인정받았고 행동하는 지성인의 면모를 보여서 존경한다. 다른 한 분은 시골의사라는 필명으로 주식투자와 여러 분야의 풍부한 지식으로 통찰력 있는 강연과 저술활동을 하고 있고, 개인적으로도 그의 책들을 감명 깊게 읽었다. 그럼에도 불구하고 이 발언은 조금 문제가 있다고 생각한다.

밥 먹는 것이 얼마나 중요하고 소중한 일인지를 모르고 하는 발언이다. 식사시간은 굉장히 중요한 시간이다. 아내가 정성스럽게 준비한 음식을 먹으면서 아내의 사랑을 느끼고, 다른 가족과 눈을 마주보며 서로 관심사항을 이야기하고 행복한 가족 간의 교감을 나누어야 할 시간이 식사시간이다. 그런데 그 모든 것을 포기하고, 책에 얼굴을 파묻고 굳이 책을 읽어야 할까? 그 소중한 시간에?

엘리베이터 기다리는 그 짧은 시간에 굳이 한 줄이라도 책을 읽어야 할까? 그 시간에 그곳에서 마주친 직장동료나 직원들에게 관심을 가지고 안부를 묻고 대화를 나누지는 못할까? 아니면 잠시 생각을 멈추고 쉬지는 못할까?

그렇게 책읽기에 바쁜데 이 두 사람은 쉬는 시간이 있을까? 창의적인 생각은 바쁠 때보다 생각을 비워두는 휴식 상태에 생겨나는 것인데, 창의적인 생각이 날 틈이 있을까? 이렇게 바쁘게 열심히 지식과 정보들을 집어넣기 바쁜 사람에겐 새로운 생각이나 아이디어를 기대하긴 힘들다.

물론 독서를 장려하는 것은 의심할 것 없이 필요한 일이다. 하지만 식사시간이나 엘리베이터 기다리는 자투리 시간까지 독서를 권장한다는 것은 지나치다. 이제는 지식의 양을 강조하기보다, 독창적 아이디어와 상상력을 권장해야 된다. 기존에 있는 지식을 많이 아는 것보다는 새로운 생각과 창조에 관심과 시간을 투자해야 한다. 그러려면 몸과 마음이 편안한 '슬로우 라이프'의 중요성을 강조해야한다.

안철수 교수와 박경철 의사의 주장과는 상반된 의견인 미국 물리학자 프리먼 다이슨Freeman John Dyson의 말을 인용하자.

"나는 한가한 시간이 매우 중요하다고 생각합니다. 셰익스피어도 희곡을 쓰지 않을 때는 게으름을 피웠다고 하더군요. 나 자신을 셰익스피어에 비교하는 것은 아니지만 언제나 바쁜 사람들은 보통 창의적이 되지 못한다는 거죠. 그래서 나도 게으름을 피우는 것이 부끄럽지 않습니다."[56]

다행히 한국에서 변화의 움직임이 보인다. 일 많이 하기로 악명 높은 삼성에서 일을 적게 하라고 한다. 세상이 변했다. 2012년 4월부터 삼성의 DMC연구소와 반도체연구소 등 연구 인력 4,000명을 중심으로 하루 4시간 근무제를 시행하고 있다. 하루 최소한 4시간만 근무해도 되기 때문에 출퇴근 시간을 사정에 따라 자유롭게 조절할 수 있다. 가장 창의성이 필요한 연구소이니만큼 근무시간의 길이보다는 구글과 같은 생산물의 퀄리티가 중요하니 그렇게 한 것으로 보인다. 세상은 이렇게 변하고 있다. 한국 최고의 직장에서 일을 적게 하라고 한다.

'슬로우 라이프'를 실천하기 위해선 어떤 방법이 좋을까? 하루 한 시간 산책하기를 추천한다. 조깅하듯이 뛰지 말고 천천히 산책해야 한다. 대도시에 살고 있다면 집주변 공원에 개를 데리고 어슬렁거리며 산책해본다. 가능한 혼자서 산책해야 한다. 가장 편한 복장이면 좋겠다. 비가 올 때면 빗소리를 들으며 우산을 쓰고 혼자서 산책하는 것도 추천한다. 산책하는 가운데 회사에서 고민하던 문제를 해결할 아이디어들이 떠오를 것이다.

목적 없이 드라이브하기도 추천한다. 휴일 마음을 비우고 아무 목적 없이 즉흥적으로 드라이브를 즐겨보라. 마음가는 대로 즉흥적으로 차를 몰면서 하루 24시간을 마음껏 즐겨본다. 반드시 혼자 가기를 추천한다. 목적이 없으니 모든 행동이 즐겁다. 차가 없다면 대중교통을 이용하거나 자전거를 이용해도 좋다.

18

올인하거나
포기하거나

나의 역사적인 첫 포기사건이 생각난다. 미국 유학생 시절이었는데, 왕복 두 시간이 소요되는 시 외곽에 있는 쇼핑센터에 갔다가 집에 왔는데, 아뿔싸, 실수로 쇼핑 꾸러미 하나를 안 가져 온 것이다. 화가 머리끝까지 몰려왔다. 꼼꼼하게 잘 챙기지 못한 내 자신이 미웠고, 왕복 두 시간을 다시 운전할 생각을 하니 스트레스로 죽을 것 같았다.

생애 처음 포기를 했다. 못 가져온 물건은 아깝지만, 만약 내가 다시 그곳에 갔다가 돌아온다면 스트레스로 미쳐버릴 것 같았다. 그래서 그날 큰 마음먹고 그 쇼핑 비닐꾸러미 하나를 포기했다.

세상엔 아무 일도 일어나지 않았다. 조용히 그렇게 나의 '첫 포기 경험'이 지나갔다. 그때 이후 내 생활에 든 변화는 사고가 더 유연해졌다는 것이다. 그 이전까지는 포기한 것이 없었다. 가능한 모든 것을 포기하지 않고 잘하려고 노력했었다. 그러나 적당히 사소한 것을 포기하고 살다 보니 생활에 여유가 생겼다. 가끔씩 여러 가지 일들을 포기하면서 살아도 현재까지 행복하게 잘 살고 있다. 너무 염려하지 마시라. 가정을 포기하는 것은 아니니까.

그래서 나는 못하는 것이 많다. 제일 못하는 것이 계산하기이다(가끔씩 구구단도 생각이 잘 안날 때도 있을 정도로 계산이 서툴다). 청소를 잘 못하고(아마도 이건 하기 싫은 것 일거다), 다림질도 잘 못하고, 말과 행동을 빨리하는 것도 못한다. 여러 사람과 원만하게 지내지는 못해서 사교성도 부족한 편이다. 그 외에도 못하는 것이 참 많다.

언젠가 못하는 것을 한번 잘해 보려고 시도해봤다. 다리미질이었는데 그만 아끼던 옷을 시커멓게 태워서 쓰레기통에 확 던져 버렸다. 그 후엔 두 번 다시 시도하지 않는다. 신혼초에는 방청소를 했는데, 내가 청소한 곳을 아내가 뒤따라오면서 다시 청소하는 것을 보고 포기했다. 도저히 아내의 높은 청결수준을 뛰어 넘을 수 없었다.

나는 떳떳하게 못하는 일은 포기하고 못한다고 말한다. 실수 없이 모든 일을 완벽하게 잘하라고? 난 그렇게 못한다. 대신 내가 잘하는 것만 올인한다. 나만 포기하는 것이 아니라 창의고수들도 그렇게 한다. 올인 하거나 포기하거나 둘 중 하나를 선택하는 것, 그것이 창의고수 스타일이다.

모든 것을 잘할 수는 없다

창의고수가 되려면 포기를 잘해야 된다. 모든 것을 잘할 수 없다. 더 중요한 것에 올인 하기 위해서 다른 것은 포기한다. 동료들 중에서 하찮은 일에 실수하는 자신을 원망하며 화가 나서 머리를 벽에 쿵쿵 찧으며 자학하는 모습을 많이 본다. 하지만 일상의 모든 일을 실수 없이 완벽하게 잘하기란 불가능하다.

못하는 것과 포기하는 것은 엄격히 다르다. 못하는 것은 시간과 열정을 투자해서 노력을 해도 잘 안 되는 것이고, 포기는 의도적으로 선택해서 노력하지 않는 것이다. 좋아하고 잘하는 것에만 올인 하기 위해 포기하는 것이다.

그래서 창의고수가 되려면 포기를 잘하라고 강조한다. 문영미 하버드 경영대 종신교수는 『디퍼런트』에서 이렇게 말한다.[57]

차별화는 곧 포기를 의미한다는 것이다. 한 분야에서 최고가 되기 위해서는 다른 분야를 포기해야 한다.

세계적 스타 매니지먼트사 IMG의 대표 마크 매코맥Mark Hume McCormack, 그는 32세 때 단돈 500달러로 IMG를 설립해 무명의 골프선수 아놀드 파머를 수백만 달러짜리 스타로 키웠으며, 골프 왕 타이거 우즈, 권투챔피언 홀리필드 등 정상급 선수들의 매니지먼트를 도맡으며 이른바 'IMG 스타군단'을 이끌었던 천재경영인이었다. 그의 저서 『하버드 MBA에서도 가르쳐주지 않는 것들』에서 이렇게 주장한다.

자신의 약점을 바꾸기 위해 고민하기보다는 갖고 있는 강점을 더욱 강화해가는 데 전념하는 것이 훨씬 효과적이다.

세상에는 포기하는 사람을 '루저'라 부른다. 하지만 다르게 생각하면 '선택과 집중' 전략을 발휘한 현명한 사람이다. 세상에는 모든 것을 잘하려다가 실패한 사람들이 너무나 많은데 그런 사람이 진짜 '루저'다.

창조경제시대에 성공하는 사람들은 포기를 잘한다. 지금부터 한 분야에 올인하기 위해 다른 것을 포기한 창의고수들의 사례들을 알아보자.

소설가 김훈은 컴맹이다

소설가가 컴맹이라고 하면 여러분은 믿어지는가? 디지털 인프라가 가장 잘되어있다는 한국에서? 소설가 김훈,『칼의 노래』,『남한산성』등으로 베스트셀러를 기록한 문학계의 창의고수가 컴맹이라고 한다. 지금도 소설을 쓸 때 원고지에 연필로 쓴다. 성인이면 다 있는 운전면허증도 없다.

"나는 불구자 같아요. 기계만지는 걸 싫어하고, 글도 컴퓨터로 쓰려고 하다가 결국은 실패했어요. 컴맹이죠. 하지만 도리가 없어요."

이쯤 되면 못하는 것으로 뚜렷한 존재감을 드러내는 특별한 케이스다. '손으로 글쓰는 소설가' 하면 김훈으로 알려져 있으니 뚜렷한 이미지 포지션에 성공한 케이스다.

하지만 아무도 그를 '컴맹 소설가'라 놀리지 않는다. 그렇다고 아날로그를 고집하는 소신 있는 소설가로도 부르지 않는다. 왜냐하면? 잘하는 것에 올인하기 위해서 컴퓨터배우는 것을 포기했기 때문이다. 그래서 그는 당당하게 이렇게 말한다.

"나라는 인간은 새 매체와 새 시대와 접목이 안돼요. 하지만 배워서 하기는 싫어요."[58]

포기고수가 되어라

안나 윈투어 미국 《보그》지의 편집장이며, 영화 〈악마는 프라다를 입는다〉의 실존 인물인 그녀도 포기한 것이 많다. 그녀는 고졸 출신이며, 글쓰기도 형편없고, '핵폭탄 윈투어', '얼음공주'로 불릴 정도로 성격이 까칠해서 사교성도 형편없다.

그럼에도 불구하고 그녀는 25년째 편집장 자리를 지키며 패션매거진 분야 1위를 당당히 지키고 있고, "윈투어는 비공식 뉴욕시장이다"라고 할 정도로 영향력 있고 성공한 인물이다.

안나 윈투어가 포기한 것들을 보자. 그녀가 대학 진학을 포기한 것은 가난해서가 아니었고(그녀의 아버지는 런던의 《이브닝 스탠더드Evening Standard》의 편집장이었다면 가난한 건 아니다), 글쓰기는 포기한 것으로 보이며, 동료들과의 친밀하게 지내는 사교성 또한 포기한 것으로 보인다(그녀는 정상적인 결혼을 했고, 두 명의 아이까지 두었으며, 전 남편의 자녀들에게 어머니의 역할을 충실히 한 것으로 보이며, 힐러리 클린턴의 뷰티 컨설턴트로도 활동하고 있다).

그녀의 관심은 에디터 같은 부분적인 것보다는 좀 더 넓은 의미의 '스타일'에 대한 것이었다. 그녀가 올인한 것은 스타일에 대한 관심이었고 나머진 포기했다.

사실 안나처럼 사교적이지 못한 창의고수들이 많다. 이는 그들의 최고의 관심사가 '창작물'이기 때문에 원만한 인간관계나 일상적인 일엔 그리 관심이 없다. 거의 포기했다고 보는 편이 맞다.

알버트 아인슈타인Albert Einstein도 일상생활에서 서툰 것이 한두 가지가 아니었다. 그는 항상 같은 낡아빠진 스웨터와 바지를 입었다. 좋게 말하면 중요한 과학연구에 올인 하려고 일상적인 작은 일을 포기했다고 볼 수 있지만, 실은 옷 입는 센스와 일상생활이 '꽝'이었다. 그의 아내는 외출하는 남편 호주머니에 용돈을 넣어주면, 돌아온 남편의 주머니에

일상적인 일은 포기하고 잘하는 일에만 몰두하여 천재적인 과학자가 된 아인슈타인

는 돈이 항상 그대로 있었다고 한다. 그리고 목욕비누와 면도비누를 구별 못할 정도로 멍청했다.[59]

하지만 무슨 문제인가? 아무도 아인슈타인을 멍청이라 부르지 않는다. 일상적인 일은 포기했고 그는 잘하는 일에만 올인한 결과 천재적인 과학적 업적을 이루었다.

만약 그가 패션 감각이 뛰어나고, 돈도 잘 쓰고 사교성도 높았다면? 다방면에 뛰어났다면? 그의 상대성 이론은 세상에 나오지 않았을 가능성이 높다. 나왔더라도 아주 늦게 나왔을 것이다.

잘하는 것에만 올인하라

미국 조지아대학 토란스 연구소는 창의성 개발 연구소다. 이곳에서 '창의성 개발을 위한 6가지 행동강령'을 발표했다. 그 가운데 하나가 "모든 일을 잘하려고 너의 에너지를 낭비하지 마라!"라고 한다.

창조경제시대에는 백과사전 같은 다양한 지식을 소유한 '백과사전형 인재'는 원하지 않는다. 왜냐하면 필요한 모든 지식과 정보는 컴퓨터 검색에서 너무나 쉽게 찾을 수 있기 때문이다. '난 모든 것을 잘해요'를 다르게 말하면 '난 평범해요'와 같은 말이다.

궁금하다? TV에서 보던 그 많은 장학퀴즈 우승자들은 다 어디 갔을까? 어디서 무얼 할까? 〈골든벨〉 장학생들은 어디서 무얼 할까? 걸어 다니는 백과사전이라 불리는 그런 천재들은 어디서 무얼 할까?

현재의 교육시스템은 창의고수를 길러내기엔 부족하다. 사장의 명령에 군말 없이 실행하는 순종형 인재, 지시하는 모든 업무를 척척 잘하는 문제 해결형 인재를 길러내는 교육이다. 창의형 인재를 육성하기 위해서는 잘하는 과목에 올인 하게 해야 한다. 그것이 경쟁력 있는 창의교육이다.

어떻게 해야 선택과 집중을 위한 판단을 잘할 수 있을까? 포기 리스트를 작성해보라. 내가 가장 못하는 것 리스트를 다섯 개 정도 작성해서 그중 하나를 포기한다. 그리고 6개월이 지나서 다시 리스트를 작성하여 한 개를 포기한다. 6개월마다 자신이 못하고 하기 싫은 것을 계속해서 포기하다 보면 여러분의 인생이 달라져 있을 것이다.

동시에 올인 리스트도 만들어 본다. 내가 가장 좋아하고 잘하는 것 리스트 다섯 개를 작성해서 그중 1순위에 올인한다. 6개월마다 업데이트 시켜서 계속 되풀이한다.

올인과 포기를 잘하는 것이 창의고수 스타일이다.

여성이 더 창의적이라고?

인간의 뇌는 좌뇌와 우뇌로 되어있다. 좌뇌는 이성적인 습관, 언어영역인 말하기와 쓰기, 분석적 사고, 실용적 사고, 논리적 사고, 몸의 오른쪽 반의 움직임 등을 총괄한다. 우뇌는 감성적, 상상력, 추상적 사고, 예술적, 지적 능력, 감정적 표현, 몸의 왼쪽의 움직임 등을 총괄한다.

그런데 창의력은 우뇌에 해당하는 감성적 영역에 있다. 감성을 발달시켜야 창의력이 발달되는 것이다. 일반적으로 남성들은 좌뇌가 발달되어 이성이 발달되고 여성은 우뇌가 발달되어 있어서 감성이 풍부하다.

그래서 태생적으로 감성이 발달한 여성이 더 창의적인 유전자를 가지고 태어났다고 할 수 있는 것이다.

세상을 뒤집고 싶다면
창의고수가 되어라

이 책을 쓰면서 많은 변화가 있었다. 약 3년 동안 세상이 변했고 나도 변했다. 내가 변하니 세상도 변했다.

모든 것이 창의적인 시각으로 보인다. 사람들의 언행이나 행동도 창의성의 유무로 판단하게 된다. 대통령 선거에서는 어떤 후보가 창의적인 인물인지 판단하게 되고, 주변 친구들과 동료들의 사고나 행동을 보면서도 창의고수인지 하수인지 판단되고, TV의 뉴스나 토론 프로그램을 봐도 창의력의 관점에서 해석된다. 편협한 시각이 아닌가도 생각되지만 그래도 관심을 한쪽으로 가지니 모든 것이 그런 시각으로 보인다. 그렇게 푹 빠져 3년을 지냈다.

이 책을 쓰기 시작하던 2010년에는 이명박 정부의 '저탄소 녹색성장'이 국가 주요정책이었다. 대통령은 '4대강 개발사업'으로 강둑을 뒤엎어서 국토를 공사장으로 만들고 있었고, 온 나라가 아웃도어레저 열풍과 함께 자전거타기 붐이 일었다.

이 글을 마무리하는 2013년에는 박근혜 대통령의 '창조경제'가 주요정책이었고 인사청문회에서는 "창조경제의 개

넘이 모호하다"고 국회와 언론에서 핫이슈가 되고 있었다. 언론에서 혼란을 제기하자 정부는 이렇게 정의했다.

"창조경제는 국민 개개인의 상상력과 창의성을 과학기술과 정보통신기술ICT에 접목해 산업과 산업, 산업과 문화 콘텐츠의 융합과 창업을 통해 지금까지 없었던 새로운 산업과 시장, 일자리를 만드는 것이다."

그러자 정부의 각 부처에서는 '창조' 홍수가 쏟아져 나오고 있다. 창조외교, 창조교육, 창조행정 등 모든 단어 앞에 '창조'라는 단어를 붙이는 것이 유행처럼 번지고 있다. 창조가 만병통치약처럼 여기저기에 사용되기 시작하고 있다. 이런 현상은 앞으로 더 심해질 것이다.

그러나 '창조경제'는 새로운 개념이 아니다. 인류의 생존 이래로 존재해 있었던 오래된 개념이다. 단지 기존의 경제시장이 극한적인 과잉경쟁시장으로 몰리자, 단 하나의 해결책이 제시되었다. 기존경제, 기존시장에서는 가능성이 없으니 새로운 기술과 아이디어로 새로운 시장창조가 유일한 해결책으로 제시된 것이다.

의도는 아니었지만 지금 시점에서 보면 이 책이 박근혜 대통령의 창조경제론에 많은 도움이 될 것 같다. 이 책에서 제시되는 다양한 창조사회 가치관들이 박대통령의 창조경제개념이 모호하다고 주장하는 언론들과 국민들에게 많은 도움이 될 것으로 생각한다.

타이밍이 잘 맞았다고 생각된다. 창조경제시대의 '새로운 산업과 시장', '일자리 만들기'는 외국의 명문대를 나온 우수한 박사님들이 전문적인 정책을 개발하여 잘 해나갈 것이다.

하지만 부족한 것이 있다. 창조경제시대를 뒷받침하는 새로운 가치관과 행동철학이다. 창조경제시대에는 창의고수가 최고의 인재상이기에 이전의 산업사회 가치 패러다임으로는 문제가 많다. 창의고수만의 새로운 가치관과 라이프스타일에 대한 이해와 생활에서의 적용이 절실히 필요한 시점이다. 이 책이 필요한 가치관들을 충분히 채워주리라 생각된다.

지금은 2편을 준비하고 있다. 이 책에서 제외된 다른 창의고수 가치관과 사고법들을 모아서 쓰고 있다. 처음에 기획단계에서 준비한 개념들을 모아보니 두 권 분량이 넘었다. 그래서 일단 꼭 필요한 개념만 뽑아내어 한 권으로 묶었다. 좀 더 불명확한 개념들을 시간을 두고 깊이 있고 분명하게 정리해서 다음 책에서 공개하기로 했다. 이 책이 반응과 호응도가 높으면 다음 편도 곧 세상에 나오게 될 것이다.

이 책이 세상에 나오기 위해 도움을 주신 분들에게도 감사드린다. 먼저 내가 믿는 하느님께 감사드린다. 출판에 도움을 주신 21세기북스 김영곤 대표에게 감사드린다. 또한 장보라 대리와 백은혜 씨에게도 감사드린다.

이유 불문하고 변함없이 나를 믿어주고 사랑하는 아내 유옥상에게 사랑과 고마움을 전하며, 나의 딸 최해나에게도 사랑을 보낸다.

주 석

1부

1 한국경제신문 특별취재팀, 삼성경제연구소 공동기획팀 공저, 『창조적 전환』, 삼성경제연구소, 2008.

2 《이투데이》, 2012년 01월 26일 자.

3 그랜트 맥크래켄 저, 『최고문화경영자 CCO』, 김영사, 2011, p135-136.

4 전경웅 기자, 〈기아차 본 외국인 "이게 한국차? 거짓말!"〉, 《이투데이》, 2011년 12월 21일 자.

5 etnews.com, 2012년 04월 18일 자.

6 MK뉴스, 2012년 04월 19일 자.

7 《동아일보》, 2012년 01월 09일 자.

2부

8 허버트 마이어스, 리처드 거스트먼 공저, 『크리에이티브 마인드』, 에코리브르, 2008, p193.

9 앞의 책, p239.

10 바바라 아이젠버그 저, 『프랭크 게리와의 대화』, 위즈덤피플, 2011, p164.

11 《신동아》, 2012, 02월호, p428-453.

12 알베르토 올리베리오 저, 『크리에이티브 웨이』, 황금가지, 2006, p129.

13 주8의 책, p287.

14 김광우 저, 『뒤샹과 친구들』, 미술문화, 2001, p177.

15 《헤럴드경제》, 2012년 4월 17일 자.

16 루트비히 판 베토벤 저, 『베토벤, 불멸의 편지』, 예담, 2001.

17 강민지 저, 『패션의 탄생』, 루비박스, 2011.

18 로버트 힐번 저, 『존 레넌과 함께 콘플레이크를』, 돋을새김, 2009.

19 주12의 책, p42-43.

20 《하퍼스바자》, 2012, 05월호, p199.

21 김혜리 저, 『그녀에게 말하다』, 씨네21, 2008.

22 에른스트 크리스, 오토 쿠르츠 저, 『예술가의 전설』, 사계절, 1999,
   p200.

23 주18의 책, p259.

24 김경 저, 『김훈은 김훈이고 싸이는 싸이다』, 생각의나무, 2005, p21-
   22.

25 주12의 책 참고.

26 주12의 책, p47-49.

27 남무성 저, 『Jazz It Up! 만화로 보는 재즈역사 100년』, 2004, p155-
   157.

28 주12의 책, p49-50.

29 주18의 책, p22.

30 《여성신문》, 2012년 6월 08일자.

   3부

31 주12의 책, p43.

32 주17의 책, p373.

33 주14의 책 참고.

34 《SAMSUNG&U》, 2012, p46.

35 주17의 책, p345-346.

36 김광우 저, 『워홀과 친구들』, 미술문화, 1997, p208.

37 로버트 쉬네이큰버그 저, 『위대한 영화감독들의 기상천외한 인생이야기』, 시그마북스, 2010, p296-297.

38 주14의 책, p196.

39 《한국일보》, 1984년 7월 3일 자.

40 킴 워시번 저, 『U2 BONO STORY』, IVP, 2011.

41 주8의 책, p162.

42 주8의 책, p290-291.

43 제리 오펜하이머 저, 『워너비 원투어』, 웅진윙스, 2009, p293.

44 주32의 책, p264.

4부

45 김광희 저, 『창의력은 밥이다』, 넥서스 BIZ, 2011, p120.

46 이윤정, 김지영 공저, 『제임스 카메론』, 한스미디어, 2010.

47 안도 다다오, 『나, 건축가 안도 다다오』, 안그라픽스, 2009, p60-61.

48 주12의 책, p133.

49 주8의 책, p51.

50 강지이 기자, 〈한국 문학의 거장들을 만나다〉, 《오마이뉴스》, 2007년 2월 12일자.

51 엘리자베스 런데이 저, 『미술시간에 가르쳐주지 않는 예술가들의 사생활』, 에버리치홀딩스, 2010, p352.

52 김정혜 저, 『패션이 사랑한 미술』, 아트북스, 2005, p22.

53 킴 워시번 저, 『U2 BONO STORY』, IVP, 2011.

54 아냐 퓌르스터, 페터 크로이츠 공저, 『유니크』, 위즈덤하우스, 2009, p155.

55 남무성 저, 『Paint it Rock 1-만화로 보는 록의 역사』, 고려원북스, 2009, p113.

56 미하이 칙센트미하이 저,『창의성의 즐거움』, 북로드, 1996, p121.

57 문영미 저,『디퍼런트』, 살림Biz, 2011, p57.

58 주24의 책, p20

59 주55의 책, p428.

참 고 문 헌

김정혜 저, 『패션이 사랑한 미술』, 아트북스, 2005.

엘렌 랭거 저, 『예술가가 되려면』, 학지사, 2005

신시아 바튼 레이브 저, 『이노베이션 킬러』, 옥당, 2010.

에른스트 크리스, 오토 쿠르츠 공저, 『예술가의 전설』, 사계절, 1999.

아냐 푀르스터, 페터 크로이츠 공저, 『유니크』, 위즈덤하우스, 2009.

김영한 저, 『창조적 습관』, 포북, 2007.

에릭 메이슬 저, 『마르지 않는 창의성』, 도솔, 2009.

허버트 마이어스, 리처드 거스트먼 공저, 『크리에이티브 마인드』, 에
　코리브르, 2008.

알베르토 올리베리오 저, 『크리에이티브 웨이』, 황금가지, 2006.

김광영 저, 『디테일에 집중하라』, 토네이도, 2008.

김혜리 저, 『그녀에게 말하다』, 씨네21북스, 2008.

김혜리 저, 『진심의 탐닉』, 씨네21북스, 2010.

제리 오펜하이머 저, 『워너비 원투어』, 웅진윙스, 2009.

레오나르도 다 빈치 저, 『한 천재의 은밀한 취미』, 책이있는마을,
　2002.

리차드 플로리다 저, 『창조적 변화를 주도하는 사람들』, 전자신문사,
　2002.

미하이 칙센트미하이 저, 『창의성의 즐거움』, 북로드, 1996.

스탠 라이 저, 『어른들을 위한 창의학 수업』, 에버리치홀딩스 , 2007.

캐롤 스트릭랜드 저, 『클릭 서양미술사』, 예경, 2000.

김광우 저, 『뒤샹과 친구들』, 미술문화, 2001.

유정아 저, 『마주침』, 문학동네, 2008.

김광희 저, 『창의력은 밥이다』, 넥서스BIZ, 2011.

조르주 티바로 저, 『피카소와 함께한 시간들』, 큰나무, 2003.

박종호 저, 『내가 사랑한 클래식』, 시공사, 2004.

헌터 드로호조스카필드 저, 『조지아 오키프 그리고 스티글리츠』, 민음사, 2008.

조윤범 저, 『조윤범의 파워 클래식』, 살림, 2008.

신동헌 저, 『음악가를 알면 클래식이 들린다』, 서울미디어, 2011.

정일서 저, 『팝음악사의 라이벌들』, 돈을새김, 2011.

김광우 저, 『워홀과 친구들』, 미술문화, 1997.

킴 워시번 저, 『U2 BONO STORY』, IVP, 2010.

남무성 저, 『Paint it Rock 1-만화로 보는 록의 역사』, 고려원북스, 2009.

남무성 저, 『Jazz it up-만화로 배우는 재즈역사100년 1, 2』, 고려원북스, 2004.

클라우스 호네프 저, 『앤디 워홀』, 마로니에북스, 2006.

이경희 저, 『백남준 이야기』, 열화당, 2000.

오주석 저, 『오주석의 한국의 미 특강』, 솔, 2003.

김광우 저, 『레오나르도 다빈치의 과학과 미켈란젤로의 영혼』, 미술문화, 2004.

aA 디자인 뮤지엄 저, 『더 소울 오브 디자인』, 이미고, 2011.

강민지 저, 『패션의 탄생』, 루비박스, 2011.

로버트 힐번 저, 『존 레넌과 함께 콘플레이크를』, 돈을새김, 2009.

김중태 저, 『하이퍼 세대』, 멘토르, 2010.

로버트 쉬네이큰버그 저, 『위대한 영화감독들의 기상천외한 인생이야기』, 시그마북스, 2010.

엘이자베스 룬데이 저, 『위대한 음악가들의 기상천외한 인생이야기』,
　　시그마 북스, 2010.

지승호 저, 『영화, 감독을 말하다』, 수다, 2007.

앨런 피즈, 바바라 피즈 공저, 『밝히는 남자 바라는 여자』, 김영사,
　　2012.

정철훈 저, 『뒤집어져야 문학이다』, 중앙북스, 2009.

김경 저, 『김훈은 김훈이고 싸이는 싸이다』, 생각의나무, 2005.

바바라 아이젠버그 저, 『프랭크 게리와의 대화』, 위즈덤피플, 2011.

안도 다다오 저, 『나, 건축가 안도 다다오』, 안그라픽스, 2010.

이윤정, 김지영 공저, 『제임스 카메론』, 한스미디어, 2010.

한국경제신문 특별취재팀, 삼성경제연구소 공동기획팀 공저, 『창조적
　　전환』, 삼성경제연구소, 2008.

엘리자베스 런데이 저, 『예술가들의 사생활』, 에버리치홀딩스, 2010.

KI신서 5126

I am 창의고수

1판 1쇄 인쇄 2013년 7월 9일
1판 1쇄 발행 2013년 7월 19일

지은이 최규
펴낸이 김영곤 **펴낸곳** (주)북이십일 21세기북스
부사장 임병주
미디어콘텐츠기획실장 윤군석 **인문기획팀장** 정지은
책임편집 백은혜 **디자인** 씨디자인
마케팅영업본부장 이희영 **영업** 이경희 정경원 정병철
광고제휴 김현섭 우중민 강서영 **프로모션** 민안기 최혜령 이은혜
출판등록 2000년 5월 6일 제10-1965호
주소 (우 413-120) 경기도 파주시 회동길 201(문발동)
대표전화 031-955-2100 **팩스** 031-955-2151 **이메일** book21@book21.co.kr
홈페이지 www.book21.com **트위터** @21cbook **블로그** b.book21.com

ⓒ 최규, 2013

ISBN 978-89-509-5067-5 13320
책값은 뒤표지에 있습니다.